中原名师出版工程
教育思想与实践系列

智慧教师的名师印记

李桂荣 主编

中原出版传媒集团
中原传媒股份公司

大象出版社
·郑州·

图书在版编目(CIP)数据

智慧教师的名师印记/李桂荣主编. -- 郑州：大象出版社，2024.12
中原名师出版工程
ISBN 978-7-5711-2060-3

Ⅰ.①智… Ⅱ.①李… Ⅲ.①师资培养-研究 Ⅳ.①G451.2

中国国家版本馆 CIP 数据核字(2024)第 019497 号

智慧教师的名师印记
ZHIHUI JIAOSHI DE MINGSHI YINJI

李桂荣　主编

出 版 人	汪林中
责任编辑	赵晓静
责任校对	张绍纳
特邀设计	黄贵敏
美术编辑	杜晓燕

出版发行	大象出版社(郑州市郑东新区祥盛街27号　邮政编码450016)
	发行科　0371-63863551　总编室　0371-65597936
网　　址	www.daxiang.cn
印　　刷	辉县市伟业印务有限公司
经　　销	各地新华书店经销
开　　本	720 mm×1020 mm　1/16
印　　张	12.5
字　　数	192 千字
版　　次	2024 年 12 月第 1 版　2024 年 12 月第 1 次印刷
定　　价	49.00 元

若发现印、装质量问题，影响阅读，请与承印厂联系调换。
印厂地址　辉县市北环中段
邮政编码　453600　　　　　电话　13949630555

编委会

"中原名师出版工程"编委会

总策划　李海龙
主　编　戢　明
副主编　吴玉华　杨进伟　王永玉

本书编委会

主　编　李桂荣
副主编　李玉萍　宋彦菊　司培宁
编　委　李桂荣　王　利　唐瑞锦　孙利革　张志华
　　　　支俊花　张艳阁　宋彦菊　闫昱臻　李玉萍
　　　　司培宁　尚淑丽　崔菁蕾　金清华　付荣华
　　　　赵　娟　王　峥　李彩云　王淑琴　王向丽
　　　　杨玉莹　梁千昭　罗宏钟　王艳霞　余艳萍

总 序

对于一个优秀教师来说,将自己对教育教学的思考在写作中表达出来,是非常自然的一件事。正如玛格丽特·杜拉斯在《写作》中说的:"写作像风一样吹过来,赤裸裸的,它是墨水,是笔头的东西,它和生活中的其他东西不一样,仅此而已,除了生活以外。"杜拉斯把自己的写作区别于日常生活中具体的事物,将其看作生活本身。我十分认同这样的说法。从许多优秀教师的成长经历来看,教育写作就是教育生活本身。当我们学会了把教育生活中的各种场景纳入自己的视野,融入自己的思考,通过写作诚实地记录下来,我们就找到了一条属于自己的专业发展之路。

正是看到了教育写作在教师专业发展中的重要意义,河南省教育厅与中原名师培育工程项目办公室启动了"中原名师教育写作出版计划"。河南是我国的教育大省,有一大批非常优秀的教师逐渐崭露头角,而"中原名师"是其中的佼佼者,他们在各自的学校和不同的教育教学领域取得了一定的成绩,及时总结、提炼、展示、推广他们的研究成果非常必要。我和张文质老师被聘请为"中原名师教育写作出版计划"的首席写作导师,肩负指导"中原名师"写作、出版教育教学专著的重任。这可能也是目前国内唯一旨在帮助优秀教师实现教育教学专著出版的省级培训项目，开辟了教师培训内容与形式的崭新领域，具有开创性意义。经过近两年的艰苦努力，目前这项计划终于迎来了阶段性成果：一批"中原名师"的教育教学专著即将正式出版。从书稿情况来看，选题、内容可谓多样：既有学科教学方面的，也有班级管理方面的；既有比较严谨的学术论著，也有可读性较强的教育教学随笔；既有义务教育阶段的，也有幼儿、高中阶段的。

捧读这些沉甸甸的书稿，我心中充满感慨。

我想到了每一位作者的面庞，看到了那些闪亮的眼神。大家都非常清楚，对于一个渴望成长、追求专业发展的教师来说，教育写作是自我提高的一条基本路径。教育写作能清晰地记录一个教师专业成长的轨迹。教师可以在写作的过程中不断审视、反思自我，不断积累、总结，无论是初尝成功的经验，还是尝试摸索中的所谓教训，都是十分宝贵的财富。苏霍姆林斯基曾鼓励教师每天都写教育日记（也就是我们常说的"教育叙事"），认为这样的写作具有重大价值："凡是引起你的注意的，甚至引起你一些模糊的猜想的每一个事实，你都把它记入记事簿里。积累事实，善于从具体事物中看出共性的东西——这是一种智力基础，有了这个基础，就必然会有那么一个时刻，你会顿然醒悟，那长久躲闪着你的真理的实质，会突然在你面前打开。"这些"中原名师"正是通过写作将自己日常教育教学的点点滴滴慢慢积累起来的，而实施"中原名师教育写作出版计划"就是为了帮助他们打开真理之门。

我还想到了每本书稿选题的艰难，想到了那些为了确立书稿选题所经历的热烈讨论，既有面对面的沟通，也有无数次邮件、短信与电话往来。由于每一位作者所在的区域不同，所教学段、学科不同，研究基础、研究方向也各不一样，如何将那些最有价值的研究成果梳理、提炼出来，并形成相对集中的研究主题以专著的形式呈现，是我和张文质老师以及每一位作者需要面对的挑战。沟通、选择的过程非常重要，也非常辛苦。这主要是由各位作者在实践层面的经验、成果内容非常多样造成的：往往一个教师所提供的一本书稿，在内容上既有学科教学方面的，也有班级管理方面的，甚至还有其他学科领域的。这固然反映了一线教师工作繁杂多面的实际情况，但对于专著出版来说，主题不够突出无疑是大忌，也会遮蔽那些更有价值、更值得推广的内容。经过反复讨论，第一批"中原名师"首先确定了选题，开启了教育写作之路；而有些作者则更改了选题，另起炉灶，毅然开启了新的写作计划，这其中的勇气也让人深为佩服。

当然，我也想到了每一位作者所经历的艰苦的写作过程。由于绝大多数老师积累的文稿是基于实践经验，致使有些内容在学理上存在问题，论述、论据都不够严谨，容易引起歧义；也有些内容所呈现的研究过程与研究成果不够完整，材料繁杂、枝蔓较多，如何去芜存菁留下最有价值的东西，如何修改、完善那些不够成熟的地方，也是摆在每一位作者面前的挑战。值得指出的是，对文稿不断修改、完善的过程虽然艰苦，但其实是非常宝贵的研究经历——看似是教育写作的过程，其实又是学术研究的过程，写作本身成为思维与学术的双重训练，成为提炼教育教学理念、凸显教育教学风格的基本路径。正是经历了这样的写作和研究过程，他们最终创作出很有价值的作品。如果说在专著出版之前，这些老师的教育教学风格还不够鲜明，尚未在更大的范围内得到认可，那么我相信，专著的公开出版，将有力地促进他们教育教学成果以及个人教育教学风格的传播与推广，塑造"中原名师"更加美好、专业的形象，使之成为河南教师乃至全国教师的偶像。而这，也是河南省教育厅与中原名师培育工程项目办公室决定实施该项"中原名师教育写作出版计划"的重要目的之一。

对于各位作者而言，他们没有辜负岁月，岁月也没有辜负他们。

对于导师而言，能够参与这个项目，帮助各位作者，是充满欣慰的，甚至超过了自己出书时的喜悦。

感谢各位读者，如果您翻开这些书，您会看到有那么一些人，是如何执拗地表达着对岁月和信仰的敬意。

闫　学

序

河南教育家书院第二批研究员、中原名师李桂荣邀请我为她的新书《智慧教师的名师印记》写序，我欣然同意。作为在中小学一线奋斗过的教育人，我非常乐意推荐一线优秀教师。

我和李桂荣老师相识于2019年春，河南省教育厅委托我组建团队研究制定河南省高水平教师（包括中原名师、河南省中小学名师和河南省骨干教师）的培育标准，我开始和河南省域内一批优秀的老师结缘。在研究中，我们对中原名师进行全样本访谈，李桂荣老师是访谈对象之一。我被老师们的教育情怀所震撼！超越学科、学段、学校、区域的差异，中原名师群体所体现出的教育情怀是共性的，他们对学生成长的关注、对教育的执着追求以及献身教育的承诺让我感佩！为此，我开始关注教育情怀并获批国家社科基金项目"教育现象学视阈下师范生教育情怀培养研究"，希望借助研究将优秀教师的教育情怀迁移到职前教师身上。因为对他们的感佩，我也希望尽力为这些优秀教师提供持续成长的机会和平台，中原名师流动工作站（河南大学）、河南教育家书院、河南省教师教育发展研究中心等3个省级平台就是我们在河南省教育厅支持之下成立的平台。李桂荣老师作为小学语文老师是河南大学中原名师流动工作站的一员，也是河南教育家书院第二批研究员。在这期间我们有了更深入的沟通和交流，李桂荣老师主编的《让成长花开有声》邮寄给我，我也是第一时间拜读。

"教育是成人与孩子如何相处的学问"，在这种相处过程当中，教育机智或教育智慧就显得尤为重要。作为教师，他们在与孩子的朝夕相处中积淀了实践智慧，引领着一批又一批孩子的生命成长。《智慧教师的名师印记》这本书更多的是李桂荣老师和她的工作室成员们一起进行培训、研修、送教下乡等活动中的一个个鲜活典型的案例。在这些案例当中可以看出李桂荣老师的用心，作为工作室负责人，她为成员提供了很多成长的机会，这些机会让这些名师得到进一步成长，也积淀了更多的实践智慧。正如成员们所写，培训研修点亮了他们的教育心灯，唤醒了他们的教育自觉，涵养了他们的教育情怀，积累了教育实践智慧，积淀了笃行的力量，找到了未来发展的方向，每个人在原有的基础之上都得到了进一步发展和提升。我想这本书的出版本身也是教师实践智慧的一个积累，作为中小学一线教师，他们有很多很多的实践经验，但是怎样把这些实践经验变成教育智慧，文本写作可能是一种有效路径。通过这样的写作，他们反思个人的实践，让实践成长为经验，再让经验上升为理论！这本书记录的就是李桂荣老师和她的工作室成员教育智慧的生成过程，以及最终的呈现样态，我想这本书将对广大中小学老师，尤其是新入职老师有很大的引领作用。看着一个一个的案例，我们看到名师成长的轨迹，也会从中找到个人专业发展的借鉴。

期待将来有更多的中小学老师能将个体的实践智慧描述出来，以文本的形式固化呈现，发挥更大的教育引领作用和价值！

王萍　河南大学教育学部
2024 年 5 月 16 日于新郑机场

目 录

第一章　点亮教育的心灯

学习，历练，悟道，重生 / 李桂荣 …………………………………… 003

有缘的人，会不断重逢 / 李桂荣 …………………………………… 009

遇见绘本，遇见美好 / 王利 ………………………………………… 015

绘本，想象力尽情翱翔的秘方 / 唐瑞锦 …………………………… 020

绘本点亮童年 / 支俊花 ……………………………………………… 024

美丽相遇，"阅读"烙印 / 张艳阁 …………………………………… 030

第二章　唤醒专业的自觉

赴青海师大，学大美思想 / 李桂荣 ………………………………… 037

充电学习，永远在路上 / 宋彦菊 …………………………………… 041

路远亦芬芳，悟道渐幸福 / 闫昱臻 ………………………………… 047

悟道京师，潜心学习 / 唐瑞锦 ……………………………………… 051

绿树荫浓夏日长，京都学堂研修忙 / 李玉萍 ……………………… 054

教师需要做什么 / 司培宁 ·················· 057

提升思想，发展思维 / 孙利革 ·················· 062

第三章　引领智慧的成长

最美的年华遇见最美的你 / 司培宁 ·················· 071

赴一场成长之约 / 宋彦菊 ·················· 077

跟着陈宇导师学管班 / 尚淑丽 ·················· 084

践行海量阅读，收获成长快乐 / 孙利革 ·················· 091

走出来，遇见美好 / 唐瑞锦 ·················· 096

专家引领促发展，砥砺前行正当时 / 崔菁蕾 ·················· 099

一本书，一条路，一片天 / 金清华 ·················· 103

第四章　涵养师者的情怀

水韵实小话研修，"三行""三化"谱新篇 / 张志华 ·················· 111

一场遇见，一份期待 / 付荣华 ·················· 119

守初心相聚濮阳，遇名师潜心向学 / 赵娟 ·················· 125

善泽万物，教育同源 / 王峥 ·················· 131

借研修之风，扬成长之帆 / 李彩云 ·················· 136

感恩相遇，潜心研修促成长 / 王淑琴 ·················· 139

亦学亦研亦反思，且教且行且成长 / 王向丽 ·················· 143

第五章　积淀笃行的力量

三尺讲台践使命，胸怀大爱写青春 / 杨玉莹 ·················· 149

苔花如米小，也学牡丹开 / 崔菁蕾 ·················· 153

做新时代杏坛中的一株劲木 /梁千昭 …………………………… 158

守望教育初心,做智慧教师 /罗宏钟 …………………………… 162

相识相知相守,一路向阳同行 /王艳霞 ………………………… 165

一波三折话阅读 /宋彦菊 ………………………………………… 168

向青草更青处漫溯 /李玉萍 ……………………………………… 173

以奔跑的姿态成长 /司培宁 ……………………………………… 177

归来,拾穗入仓 /余艳萍 ………………………………………… 181

后记 ……………………………………………………………… 184

第一章

点亮教育的心灯

学习，历练，悟道，重生

濮阳市实验小学　李桂荣

2018年3月底在浙江舟山的春季培训，对我来说是一次深度的历练。因为，除了紧张的培训学习，还要进行课题立项的答辩。一天下午，课题立项的考核一结束，负责该项目的省基础教育教研室领导就立即组织大家总结回顾名师工程项目，安排下一步主要目标任务，思考物化几年来的培育工程成果，根据自己的实际情况寻找突破，将这次培训暂时画上了一个圆满的句号，同时又是另一个新征程的开启。

一、总想，都是问题；去做，才有答案

晚饭后，坐在书桌前，伏案沉思。回顾这四年来的中原名师专题培训历程，真的是酸甜苦辣尝尽，学习沉淀充实丰满，每一年都有意想不到的提升，思想的沉淀、性格的历练，使我更深深懂得了"纸上得来终觉浅，绝知此事要躬行"的道理。感谢省厅领导对培育工程的良苦用心，我们必当朝着既定目标努力奋进。

自2015年暑假参加中原名师培育工程，感觉自己上了一个快速跑道，每次学习都促使我深度思考，已经形成了习惯。中原名师培育工程，帮助大家养成了一个个良好的习惯，更重要的是促进大家不断地提升自己。衷心感谢该项目团队进行的顶层设计，才使得我们有了这一次次的提升，一次次的拔节成长。培训中任务的重大与密集，填满了所有的零碎时间，这

促使大家养成了这样的习惯：思考成了习惯，写作成了习惯，交流成了习惯，探讨成了习惯。心思总停留在要完成的事情上，做完一件事情，或者这件事情即将收尾，立刻就有另一件事情接上来，压茬推进。虽然忙一些累一点，但那又算得了什么呢，只恨时光不能倒流，只恨年龄不能逆长。有时候会想，如果倒退五年，这些事情就不在话下了，可是再一琢磨，五年前的光景是浅的，那时还不够丰满，怎么会有深刻的思考、从容与淡定。所以，一个个五年不是白白度过的，那是叠加，是积累。自我调节，沉着应对，心无旁骛，用心做好一件件事情，才是硬道理。因为，总想，全是问题；去做，才会有答案。这就是成长吧。

人都有惰性，惰性对一个人的"杀伤力"何其大，可以想象。任务驱动就是对一个人惰性的抗争。自2016年加入培育工程的写作行列，我就没有了周末和节假日，常常利用这些时间进行阅读、写作。有了任务的驱动，定了时间节点就要一步步去完成，在这个过程中很享受，享受思考，享受一步步接近目标的幸福。

二、变化，才能成长；拼搏，才会进步

舟山很美，无暇去欣赏；海很辽阔，没时间走走看看。一早就远远望见雾蒙蒙的天空，一座座高楼在其间若隐若现，似仙境一般。雾，腾起，散开，像一个个调皮的孩子，变化着，一下子唤起了自己小时候的记忆。变化，竟然是那么美好。

重拾目光到这次培训。这次写研修报告，不再像以前把聆听专家讲座的笔记组了又组，合了又合，生怕漏掉了哪个关键词，而是结合自己情况进行消化吸收。我想，这也是一种改变吧。

这次的培训学习和接地气的总结安排，敦促我们思考着前行，负责该项目的领导清晰的工作思路及明确的任务指向，老师们思想的交融与沉淀，专家的解读与碰撞，舟山中学的美丽公园印象，人文的教育氛围，南海实验小学的独特风格等，都点点滴滴浸润着心田。我在想，无论什么样的建设，什么样的理念，最终都要落到实践，回馈师生的成长，促进学生的发展，促进教师的发展，促进学校的发展。

课题的研究就是一个抓手，不仅是对科研的提升，更多的是以一个点带动面，最后一定落实到育人上。这次培训，我的关注点是师生的进步与发展。无论是专家的报告，还是豫浙的论坛，或是课题的设置与答辩，都离不开一个主题，即培养学生的学习力，促进学生与教师的发展。

没有切实的经历，就不会有真正的感受。通过这次课题立项答辩，我才真切地明白课题立项是多么不容易，也才真切地感受到课题的丰富完善是多么有意思。前几年，我都是旁听老师们的课题答辩，本次培训作为课题答辩的直接参与者，虽然紧张，但是因为之前准备充分，也显得比较从容。

汇报答辩即将开始，林一钢教授首先针对如何汇报课题给大家做了提醒：一是为什么研究这个课题，即要说明白研究这个课题的理由；二是研究什么内容，即不仅要把这个研究内容具体化、可操作化，还要搞清楚内在的逻辑联系；三是怎么去研究，怎么去实现，也可讲讲预期成效。

三位专家评委对我汇报的课题给予肯定与鼓励的同时，也提出了宝贵的指导建议。比如，对于研究的内容，需聚焦重点，思考如何针对不同年段以不同方式呈现；针对本真课堂的内涵与外延，增强有力的支撑；主要参考文献最好是该研究领域最具说服力的文献。

课题汇报一结束，林一钢教授就对在座的所有老师关于课题内容给予指导。一是要有证据意识。研究过程就是实践的推进过程，要用证据来证明，即用什么样的数据来表明自己的课题研究是有效的。二是要有清楚的适切意识。课题不能过于庞杂、宏大，课题如果不具有操作性，就是概念的界定有问题，课题不仅要说清楚核心概念是什么，教学策略是什么，还要说出核心概念的具体表现，教学策略的具体表现。也就是说，不但要说明是什么，而且需要指出具体表现。比如，要研究教学策略，就要知道教学策略主要包含什么。三是要有聚焦意识。课题的名称要跟研究内容相匹配，题目的概念设定要清楚，切记课题不要太大，不要贪多贪全，越聚焦越好。比如，题目很大，内容却很小；题目很小，内容却很大；这都是不可以的。一定要反复读题，题目在很大程度上就包含了研究预期的目标及研究可能达到的成效，在这个基础上，还要弄清楚自己究竟想做什么。

总之，通过这次立项答辩，我明白了关于课题的诸多方面的问题，对进一步完善课题申报，对以后再做课题研究具有重要的指导意义。

三、学习，充实丰盈；悟道，成为自己

1. 舟山中学印象：美丽静谧的公园

舟山中学是本次培训的地点。我们随车入校，蜿蜒向前，走过一段又一段，映入眼帘的是透过花木丛红白相间的建筑，别致的小桥下潺潺的流水，错落有致的各种绿植，层次分明，各种花竞相开放。如此优雅的环境，真的令人有些恍惚，疑惑自己所到之处不是校园，而是公园。只见花儿静静开放而不见文化标语的喧嚣，怎不见学生的身影，怎听不到学生的读书和喧闹？舟山中学的校长告诉我们：这个校园占地200多亩，学生有1400名，仅仅一个油菜花基地就占地10亩，在这样一个凡事讲速度的时代，教育应该慢下来，我们的节奏慢了，心就静了，心静才能心安，心安才能心定，心定是做好一切事情的保障。外部环境静谧祥和与自己内心的淡定从容辉映相交，这也许正是处于快速发展时代的人们追求的一种奢华。

陈炳初教授提出了"学（接受、模仿、固化）、习（加工、内化）、悟（反思和应用）"的观点。掩卷长思，一个报告听下来能让自己记住的，或许是最有用的，也是自己最需要的。自参加诸多项目培训以来，逐渐养成了记笔记的习惯，有时用电脑记录，有时用笔记本记录，唯恐漏掉哪怕一个重要的词或字，这当然是一个好的习惯，作用也很大。凡事都要一分为二地去看待。后来发现，因为强化了手动记录，大脑就产生了依赖，反而少了一些融会贯通。现在回想自己多年前的学生时代学习，均是内化理解，渐渐成为自己的东西。所以，除了要记录，还得适时放下笔记本，用脑子全力听记，去强化大脑的记忆。

2. 舟山南海实验小学：促学生适时适性发展

我作为小学段的中原名师到舟山南海实验小学进行考察学习，不仅观

摩课堂还聆听学校办学情况。陈娜老师执教的二年级语文课《蜘蛛开店》，将蕴含的深刻哲理通过一个有趣的童话故事进行展开。陈老师年轻阳光，温婉知性，带领学生们落实识字、写字的教学目标，引导学生通过多种形式的朗读走进故事，以读促悟，积累语言，内化语言，运用语言。这节课，老师关注每个学生的进步与发展，师生进行着思维的碰撞，小组合作探究充分，学生主动学习，学生和老师之间的互动融洽，学生在老师的鼓励与启迪下，生发无限智慧，活泼灵动，好学善思，展示出了朴实的本真语文课堂。

学校黄主任做了题为"做促进师生协同发展的教育"的专题报告，我们了解了该校的课堂教学改革、经典系列活动、教研组建设、学科教学评价等发展情况。其中，"学习共同体建设下课堂教学研究"的举措有三个层面的特色：一是教师层面的"得一论坛、青年教师教学大奖赛"专业实践活动，二是学生层面的"七色花大课堂、免考生课程"建设，三是教研备课方面的"优秀传统文化学科融合校本课程实施及学科文化节活动"等，凸显了教学管理的特色。

苏明杰校长做了题为"知行合一，促学生适时适性发展"的专题汇报，很欣赏苏校长提出的促进学生"适时适性"的发展理念，客观准确，以生为本，遵循了学生的身心发展规律。我们了解了该校"立德、培智、健体"的办学理念，"三格五育"的海之星成长课程理念，以及学校的课程建设、课程实施等丰硕的办学成果。南海实小的环境很优美，内涵也很丰富，办学目标高远，落点很扎实。

四、行动，才能致远；物化，才有成果

本次培训接近尾声之时，林一钢教授和负责该项目的省基础教育教学研究室领导对培训进行总结的同时又布置了新任务。中原名师培育工程即将进入成果物化阶段，要深化研究项目，物化教育经验。林教授是指导设计师之一，其明确了思路与目标，如基础＋研究的提升、主题＋系统的设计、个体＋团队的运行、理念＋案例的物化等。负责该项目的省基础教育教学研究室领导强调，要针对具体项目根据自己的情况做选择并提交，

适时安排相关导师做指导。

  得益于四年的培训与学习、理解与内化、积累与升华，如今，我更清晰地认识到自己乃至团队要做且能做的是要列出计划，用心用力物化出成果来。面对一个个任务，不容犹豫，不敢怠慢，铭记初心，一路前行，方得始终。

有缘的人，会不断重逢

濮阳市实验小学　李桂荣

2017 年 5 月，我们来到了被马可·波罗赞誉为"世界上最美丽华贵之城"杭州。这里鲜花盛开，此时能在江南，已是人生的一件幸事，而更有幸的是，我们要去杭州市新华实验小学，我们美丽的导师、教育学者闫学校长曾在此任教，感觉就像两个虽未谋面却依然很熟悉的友人，在这恰当的时候相遇。

一、"亲其师，信其道"，做好这个小学生

"亲其师，信其道"。对于闫学校长的学识及人格魅力，许多人都很仰慕。她的思想敏锐深邃，教育情怀深沉博大，做事风格坚定，为人低调、谦卑、亲切，令人尊敬。

记得张文质老师在以"从一篇文章到一本书"为专题进行线上直播时说：一个人要经历学徒期，这个时候要找到你心仪的导师，可以是空间距离比较远但值得学习的老师，可以把历史上的名人当成老师，也可以是你心目中梦想的老师。仔细琢磨张老师的话，觉得蛮有道理的，也更坚定了我的信念。闫学校长和张文质老师就是我生命中的贵人。闫学校长指导我写作，能够近距离地向她学习，读她的书，了解她走过的路，对她所提出的"跨界""新小孩""爱丽丝绘本馆""想象力第一"等观点都很感兴趣，期待深入地向她学习。我认定她就是那位远方心仪的老师，我要做好这个

小学生。一个人，无论年龄有多大，在面对老师的时候，都会怀着敬仰的心情并极力靠近她、学习她，在老师的引领下一步步坚定地走下去。

二、有缘的人，会不断地重逢

村上春树说，迷失的人迷失了，相逢的人会再相逢。谢云说，有缘分的人，会在相逢之后不断地重逢。

2016年10月，在参加教育写作培育工程时，我有幸聆听了闫校长的专题讲座，于是就有了重要的一面之缘，接着2017年的春天迎来珍贵的再次重逢，闫校长针对教育专题写作进行一对一指导。这次，我们因为统稿会在闫校长的学校重逢，我更是怀着崇敬，带着期待、喜悦、美好和学习的态度而来。从闫校长以及年轻教师陆智强发表的文章中，早知晓响当当的杭州市新华实验小学。

第二天，我们早早来到学校。竖在门口的校牌并不大，刻有校名的浅棕色景石稳稳置于门前，也不太显眼，低调温婉。从高高的透景护杆向校园望去，极具品位的卡其色大楼在葱郁蓬勃的绿植映衬下，显得庄严厚重。

我们抑制不住激动的心情，在门岗师傅的微笑注视中走进校门。首先映入眼帘的是两层楼高的大厅，海蓝色的五个大字"想象力第一"呈现于大厅横梁上，特别新奇。大厅顶部是油墨彩绘，类似于敦煌莫高窟的顶层绘画，充满了神秘的艺术色彩，足够震撼到在场的每一个人。

我们继续向里走，一眼就看到美丽的闫学校长满面春风、笑盈盈地朝我们走来，我们兴奋地向她问好。闫校长轻声提醒着本校老师在这次活动中需要注意的细节，我们不便打扰。目之所及，一草一木、一石一树，随处见证着"想象力第一"的理念。左右两边有规律地堆放着被网格框起的形状不一的小小的彩石，彩石上是学生手写的字和充满想象力的各种涂鸦，在红花绿草的映衬下显得那么富有生机，就像一个个孩子的笑脸，在迎接我们。右面一个古铜色雕塑"真理之口"的头像尤其醒目，正瞪圆眼睛张大真理之口，好像在鼓励孩子们：面对真理，你是否有足够的勇气？也似乎正展开丰富的想象，惊讶这一拨拨远方的客人来自何方。左面许多"漂流瓶"嵌于石块间，一句"这里面装满了好奇心"的话，像在对学生说：

把你的希望装在漂流瓶里，展开你丰富的想象力，勇敢探险吧……

校园里，正对校门的草坪上有一块镇校之石，赫然刻着的"想象力第一"彰显了学校的先进理念，也冲击着每个人的想象，教育思想极具智慧，无限宽泛。21世纪是更注重人才资源以及人的想象力和创造力的时代，脑力最可贵，有创意的人无可取代。

统稿会开始了，汇报，点评，指导。对于具体的问题及遇到的困惑向导师请教。之后又与闫校长边走边聊，跟她的交流是通畅自由的，她没有一点儿架子，不由得令人肃然起敬。充分的交流令我思路明晰，信心坚定。教育写作的行走，是自己前所未有的生命体验，尝试突破自我，经得住时间的打磨，逐步向深度跨越迈进。

时间匆匆，紧张的研讨交流与指导不觉又是一个下午。一结束，我们就迫不及待奔向校园，寻找心中惦念的美。一个个随风转动的七彩小风车竖在绿茵茵的草坪上，万花筒置于其间，绽放无限想象力。

转过身，就看到了魔镜阅读馆，我们一下子惊呆了。这是怎样的一个理念，怎样的一个想法，造就出如此美妙的读书环境？设计的基调非常符合学生的年龄和身心发展特点，"想象力第一"又在阅读馆充分展现，整个布局是无规则的、唯美的。主色调是墨绿和嫩黄的融合，间或大红、橘红、海蓝穿插其中，充满着生命的活力。书架、小圆桌、小椅子的设置富有创意，给书安置一个个几何的"家"，方形、圆形、梯形、三角形等有序组合。还有一处设计很有意思，人坐进去就像在弯弯的船里，一切都相映成趣。这样的环境，没有哪一个孩子不愿意来。傅国涌老师说："教育其实就是与美相遇。"是的，教育最重要的意义，就是把人变得更美好。生命的美好，就在于和那些没有相逢的美相遇，与那些已经遇见的美不断重逢。试想，孩子来到这里，寻上一本喜欢的书，找到合适的地方，或坐或倚靠，与美重逢，这是多么美妙且多么享受的事情。

三、教育是需要留白的

在杭州市新华实验小学，一边行走一边惊叹。上到二楼，放眼望去，整个楼道和墙壁洁净无比，让人感到轻松明朗。望着干干净净的每一面墙，更能令人展开想象的翅膀，沉浸于无限遐思。这与许多学校不约而同地满墙张贴形成鲜明对比。把所做所学展现出来，再多也是展现不完的，要注重内在的培育、内涵的丰富，记得魏存智校长说过这样一句话："教育是需要留白的。"正如现在课堂总不断地呼吁"要把更多的时间和空间还给学生"一样，学校也需要留白，需要留有足够多的空间给予学生自由支配，获得发展。

1. 新竹班，足够创意的命名

正这样想着，不觉迈进一个教室，老师微笑迎上。这个班以竹子为元素来建设班级，所以叫新竹班，教室的整个后墙设置有展示板块，选用小按钉可轻松插进去的材料做底板，不用胶水、糨糊之类粘贴，很有创意。这里每班的学生不到 30 人，教室的桌椅，有按纵横排列放的，有以小组摆设的。每个教室外面走廊里都有小储物柜，贴有孩子姓名，每人一个，内放跳绳、水杯或常用学习用品等，设计很人性化。

2. 想象力，打开无限的思维空间

这里是激扬生命的磁场，无论走到哪儿，都能感受到学校的关爱，这种关爱渗透到了每个细节，极具个性又和谐发展。

下楼，走向了校园的实验基地。我惊喜地发现，学校的绿地面积竟然那么大！板块设计实在令人羡慕，有学生餐厅、小花园休闲厅等，规划合理。来到这里，就会感受到学校的思想与理念融入了这里的每一寸土地。

在绿树成荫的道路上漫步，远远望见地上摆放着用木块围成的箱子，原来是老师和学生的科技实验基地，辣椒、西红柿、茄子、小黄瓜……长势喜人，有的开始挂果，小西红柿就像孩子水灵灵的小脸儿，喜人的红辣椒好似咧开的嘴巴。不知为何，目之所及都令人欣喜，充满着爱意。虽然星期天不见一个学生，但是我好像看到了孩子们正忙碌着浇水、施肥，看到这些小果子使孩子们眼神发亮，听到孩子们叽叽喳喳研究着，高高兴兴说笑着，科研基地给孩子提供了无限实践的空间。

继续走，是一个体育竞技场，为了安全，周围用铁丝护网围起，想必这些是在老师指导下才能完成的体育锻炼项目，有网状爬竿、高低杠，还有一些叫不上名的，很丰富，很有趣味。

再向前走，就看到"时空隧道"了，隧道顶棚布满了鲜花，我在想，

这又是基于什么理念创造的呢？是让孩子在充满想象力的空间里快乐成长吧。想象力真是无时不在啊！猛然发现，我不也在展开想象的翅膀吗？这时，看到牌子上写着"穿越隧道，与另一个自己相遇"，我想这正是"时空隧道"带给大家的改变，对世界充满好奇，勇敢探索，相信会与另一个自己相遇。

停留良久，才把目光转向开阔的操场，放眼四周，感觉是那么透亮，脑洞也被这神奇的力量打开，闫老师提出的"想象力第一"，其实也在表达对个体的尊重，要充分相信孩子，成就孩子。

操场附近的一个彩色"蘑菇房"映入眼帘，原来那是孩子们的读书室，四面透明，五彩缤纷，足够新奇，这一设计灵感源于一本绘本。读书即生活，把读书与生活实际巧妙结合了起来，这也正如杜威所说，教育即生长，教育即生活，教育即经验的不断改造。

我沉思良久，久久不愿离去。"想象力第一"，一生二，二生三，三生万物。一个按键，开启无限之门；一朵想象之花，开出五彩斑斓的世界。一切伟大的事物，都源于伟大的想象。我在想，这是具有怎样的知识架构背景、怎样的宽阔胸怀、怎样的思想站位才产生的呢？万物生，无限门，想象花，彩世界……从这里，我似乎读到了费孝通先生的"各美其美，美人之美，美美与共，天下大同"的思想，想到了闫校长的"尊重孩子的多元，充分理解孩子个性，发现自己创造的美，包容欣赏他人创造的美，达到一致与融合"。"想象力第一"，可以作为种子播撒在各地生根发芽开花结果，这对于培养具有创造力的学生具有重要意义。

对新华实验小学的总体印象是明快的，没有附庸，不累赘。这就像一个人穿衣，颜色搭配有品位，没有零零碎碎的装饰。也好似一个人的思维构图，清晰而明朗。可以展望，从小在这里成长的学生，胸怀是宽广的，思维是开阔的，个性是张扬的，理想是高远的，未来是无限的。

四、怎样的教育才是好的教育

自从进入中原名师培育工程，主动思考就成了新常态，这是很有意义的事情。关于教育写作，闫学校长给予的指导与激励，更使我深深明白，只"阅读"而落实不到"写作"上，就永远达不到真正意义的思考，也不会主动思考，更谈不上深度思考。30多年的教育生涯，促使我不断地思索：怎样做才更利于学生的健康发展？一个人应该以怎样的站位去凝练教育思想？也许在闫学校长这里已经有了答案，即要有理性的认识、清晰的目标和坚定的教育信念。目前，我国提出的核心素养是为了培养全面发展的人，我觉得这个"人"就是根本与精髓。闫学校长的"统整""跨界""新小孩"观点以及"想象力第一"理念，就体现了核心素养，即培养人、发展人。对于教育思想，我们容易被禁锢，不能放宽胸怀，开阔延展。

被誉为"过去20年有创造力和影响力的作家之一"华莱士说，教育的目的不是学会知识，而是习得一种思维方式——在烦琐的生活中，时刻保持清醒的自我意识。其理念倾向于培养一个人的思维力，重点在思维方式。如此理念下培养出来的人，做任何工作都能出色胜任。闫校长提出的"想象力第一"，也使我体会到"教育的留白"对于基础教育是多么重要。

那么，怎样的教育才是好的教育，应该达到一种什么样的境界呢？我觉得可以这样说：生活环境没有什么变化，思维方式却有了很大的改变。一个人的思维方式决定一个人的幸福。所以，学会思考与选择，拥有信念与自由，是教育的目的，也是获得幸福的能力。

遇见绘本，遇见美好

濮阳市实验小学　王　利

迎着七月的骄阳，追寻绘本的足迹，用心聆听闫学校长的"遇见绘本，便遇见美好"的教师培训，正如闫学校长所讲，阅读绘本是一件美好的事情，走进绘本课程犹如走进仙境。这次的学习给我带来的感受是：思想上如雪纯净、行为上浪漫荡漾，无论走到哪里，做任何事总有一种身处桃花林的感觉，总感觉世界如水似的柔美清澈。

学习的第一天听了王林博士的讲座，王林博士给我印象最深刻的是这样两句话：

一、你想让孩子成为什么样，就给他读什么样的绘本

绘本的文字优雅，绘本的图画专业，绘本的寓意深刻。假如想让孩子安静下来，可通过绘本《杰瑞的冷静太空》来引导孩子学会冷静：小男孩杰瑞因为摔了一跤，打碎了他为爸爸生日做的陶碗，回到家后他大发脾气，在妈妈的引导下，他建立了自己的冷静太空，学会了控制自己发脾气的方法。作者站在孩子的视角，教给孩子管理自己情绪的方法。

如果想让孩子学会自立，你就引导孩子阅读绘本《小兔当家》，这是一个关于让孩子学会独立的、快乐又温暖的故事，讲述了如何独立生活才能让友谊更加牢固。小兔总是被很轻微的动静吓得抱头逃跑，小猫决定离家出走，去给自己找个新家。但这可不太容易，当小猫越来越想念自己的

老家时，小兔却在独立的生活中发现，变得勇敢起来并不是很难。

如果想让孩子学会解决问题，推荐绘本《和朋友们一起想办法》，这是一套培养孩子"想办法，解决问题"的图画书，通过生动有趣的农场故事教会孩子用积极的态度面对困难，不怕挫折，善于思考问题，寻找解决的办法，同时让孩子学会团队合作。

这一个个的例子促使我深深地思索：平时我们总是苦口婆心地教育孩子不要这样做，应该那样做，还抱怨收效甚微。王林博士倡导，想让孩子在某个方面有所提升，就推荐或引导他读这样的书，这是智慧的教育方式。

二、绘本不仅可以拿来学习东西，还可以感受快乐

这是王林博士的绘本阅读理念。爱和热情是绘本阅读的终极目标，比方法和技巧重要。

没有爱和热情，父母会把阅读当成是必须和孩子完成的一门功课，抽半个小时陪孩子阅读也会觉得是负担。

没有爱和热情，那些貌似关心孩子阅读的父母，会买回来一些书扔给孩子，说："读吧，这是专家推荐的。"

没有爱和热情，老师会觉得只教教科书安全，既能应付考试，自己也不用额外去读很多书了。

没有爱和热情，图书管理员不会给孩子推荐优秀童书，他们所做的主要工作是把书看好别丢。

拥有爱和热情，绘本阅读就会平平常常地发生在每个家庭的每一天，就会很正常地走进教师的一日常规。

父母有责任去引导和教育孩子，让孩子明白通过读书可获得幸福。而这样的教育，并非空洞的说教，其载体和工具就是绘本。绘本承载着让儿童进入现实的最佳途径。借由这条途径，幼儿可以获得最初的语言体验，可以有效地传递亲情，收获快乐的童年，可以插上想象的翅膀，得到艺术的熏陶，因此，绘本对儿童的成长极为重要，父母和老师没有理由不加以重视。

王林博士告诫我们，绘本在儿童成长中的意义不可小觑。

闫学校长从怎样把绘本做成像语文、数学一样的课程等方面给了我们一些指导。她和她的团队花费几年时间写成《绘本课程这样做》一书。下面我将该书的第一个板块"绘本阅读与儿童智慧开启"和大家分享。

该板块由一篇作者的主题思考、一篇导读设计、一篇阅读课例、一篇教学手记组成。通过阅读该书，我发现闫学校长的团队对绘本的定义阐述得很形象——绘本就是用图画讲故事的书，这些画出来的书，以图为主，部分还附有少量文字，让孩子通过绘本听了故事，看了图画，学了知识，潜移默化地建构起精神家园，进而培养孩子的多元智能。

闫学校长从四个方面来概述绘本开启儿童智慧的功能。

1. 绘本阅读的一个重要的功能就是提高孩子的认知水平

孩子们的生活单纯、简单，人际关系也基本局限于家人和朋友，可是当他们打开绘本的时候，他们会发现绘本中的内容丰富多彩，古今中外的人文、科学、自然、社会等常识都会出现在绘本中。绘本就是一部"百科全书"，孩子们在看书的过程中学会了观察、思考、感受，积累了经验。孩子们在绘本中也可以看到不同的人和不同的事，了解到许多以前没有接触过的生活方式，体会到人性中的种种样态。

2. 绘本可以用特殊的方式解决孩子生活中遇到的问题

比如《爱是什么？》一书，小主人公托斯特要当哥哥了，他开始变得忧郁起来，他担心妈妈生了弟弟或妹妹就不再爱他了，托斯特竭尽所能在爸爸妈妈面前表现得完美，希望妈妈不要再生小宝宝。后来在奶奶的帮助下，托斯特终于明白：爸爸妈妈有足够的爱，就算他已经长大了，父母还是爱着他。如何正确面对"二胎"问题，作为成年人的我们可能觉得和孩子解释不清楚，但绘本却帮助孩子从内心深处理解父母，解决了他们可能会遇到的问题。

3. 绘本能极大地激发孩子的想象力

被誉为"日本绘本之父"的松居直在《幸福的种子》一书中曾说过："对孩子来说，故事是一个充满惊奇、趣味，可以激发想象力的世界。"民间传说、童话故事及图画书中，也蕴藏着许多类似的神奇种子。大人在讲故事或念图画书给孩子听的时候，也在默默地进行播种的工作。这是一种文化的传承。

比如，在讲述绘本《米莉的帽子变变变》时，老师还呈现了该绘本的教学设计。老师先让学生看封面，知道书名是什么，结合书名和封面图片了解绘本要讲述的内容，然后一起读书名，老师向学生强调读时要专注、要有神秘感，学生边念边演。

老师让学生把书翻到扉页：行走在大都市里的米莉，此刻头上的帽子也变成了一座高楼，学生都觉得这顶帽子太神奇了，纷纷提出问题：为什么米莉的帽子会变化？米莉的帽子还能变成什么样子？……

带着这些问题，老师开始讲述，米莉去店里买帽子，店员对米莉的尊重和爱感动着我们，店员没有因为米莉没钱而不让她试戴，也没有因为米莉没钱而不搭理她，而是给了她一顶神奇的帽子。这个微不足道的小细节，给了米莉一份温暖。

学生一直微笑着听故事。教师让学生猜测店员会怎么做，不少学生的想法和店员的做法很相近。看来，学生都是天生的想象家。买到帽子后，米莉开始想象：她的帽子一会儿变成孔雀帽子，一会儿变成蛋糕帽子，一会儿变成花帽子，一会儿变成喷泉帽子。读到这里，教师在这里加入了一个猜帽子的游戏，找找这两顶帽子的主人是谁，再看看这两个人会戴上什么样的帽子，学生的发言令人惊奇。接着教师趁热打铁，让学生说说自己喜欢的帽子，说说自己想戴什么帽子，想给自己的朋友戴什么帽子，只要能说出理由，什么帽子都可以戴。在这部分的教学中，教师运用了大量猜读的方法，让学生给自己变出帽子，给别人变出帽子，学生在想象的王国里驰骋。

故事还没有结束，米莉的帽子越来越神奇。她太开心了，就像在唱歌一样开心，头上的帽子变成正在放声高歌的鸟儿。她的开心感染了对面走来的老婆婆，郁闷忧伤的老婆婆高兴地跑了起来。米粒帮助了别人，就更开心了。她的帽子越来越大，越来越漂亮。这画面太震撼了，米莉的头上顶着的不仅仅是帽子，更是她充满想象的世界。教师告诉学生，一个人的力量是很大的，一个微笑或一个动作也许就能感染周围的人。最后这位教师在自己的点评中这样写道：看完这本书，我和孩子们一起开心地发挥自己的想象力，一起畅游在梦幻般的世界里，把故事里眼睛看不见的世界变成自己心中看得见的画面。

4. 绘本可以提升孩子的逻辑思维能力

教师提到绘本《我的连衣裙》，这本书好玩的地方有很多，其中一个就是在前一幅画面中总有对下一幅画面的暗示，小兔子还没走进花田，画面的右上角就出现了一小片花田，下一页中小兔子的裙子就变成了花朵裙。小兔子还没走进雨中，画面右上角就已经出现了几滴雨滴，可以预料，下一页中小兔子的裙子会变成雨滴裙，我们可以据此设置问题，读到一半让孩子猜：小兔子的裙子又会变成什么样？眼尖的学生马上会发现书中的秘密，接下来他们就可以充分发挥想象力了。学生多鉴赏这类作品，会潜移默化地建立良好的逻辑性。

如果您在选择绘本课程时，确定了绘本的学习目标，那么朝着这样的目标去和学生互动，绘本阅读将是一路繁花相送。

绘本，想象力尽情翱翔的秘方

濮阳市实验小学　唐瑞锦

和绘本初次结缘还是儿子小时候，一有时间我会跟其他的妈妈一样，享受亲子阅读时光。那时对绘本的理解很粗浅，认为它就是一本成人眼里的"小画书"，配些简单的文字，仅此而已。一次浙江绍兴闫学绘本课程研修培训教会了我很多，让我对绘本有了全新的感知。原来绘本是那么"美"，美在画面，美在文字，美在情节，美在心灵……儿童绘本已经悄无声息地走进每个孩子的童年生活。所以，作为老师，我们可以借助绘本对学生的吸引力，多多研究，在日常教学中引入绘本教学来提高学生的语文学习能力，让学生从传统的"苦学"变为无形的"乐学"。正如闫学校长告诉教师们的话：只要愿意，只要热爱，只要坚持，我们就可以跨越时空的界限，撒播绘本课程的种子，收获课程花开的芬芳！

一、绘本与美学鉴赏

我从"美"的三个角度阐释绘本之美。

1. 绘本技术之美

绘本是用画面讲述故事的，因此对画面要求很高。从单页画面构图到整本书的版式设计，从儿童认知色彩的趣味性到角色造型的可爱性，从道具设计到背景烘托以及故事的起、承、转、合，都要满足儿童的视觉与审美意向。每张图的创作绘制，就像电影制作前期的分镜头设计，要精心揣摩每一个镜头的视角、构图、光影、色彩主题和层次，并经过反复修订、上色、校色等才能完成。创作者通过点、线、面的引导带领儿童进入神奇的世界，以图像造型创作的方式启发孩子创意思考，使孩子在阅读绘本的过程中，想象力得到拓展，进而培养孩子对色彩、造型、美学的兴趣。

2. 绘本角色形象演变之美

每个绘本故事都会有一个主题，围绕主题由多个角色完成故事的演绎。大多数绘本的角色都是拟人化的动物，比如小熊、小兔子、小老鼠等。而创作者对角色的造型一定煞费苦心，因为同一形象不同的笔者会有不同的审美取向，如同"一千个读者就有一千个哈姆雷特"一样。我发现笔者在角色创作演变的基础上都有某些共同的元素，比如角色比例关系，一般可爱的形象使用两个半头高的比例。绘本中的角色众多，每个绘本都有自己独创的形象。从形象创作上来讲，作者常运用夸张变形手法来展示角色的特征，比如《猜猜我有多爱你》中的小兔给人以深刻而独特的印象，在《逃家小兔》《小兔子数兔子》中，每只兔子的造型除了有一些基本共同点，都是特别的、独一无二的，体现了创作者的独特匠心。

3. 绘本润泽心灵之美

绘本故事讲述的内容要有启发与教育意义，通过角色、色彩、图画的方式，让孩子体验到感动和能量。比如对真、善、美的理解，对亲情、友情的体会，对生命、个性、成长与死亡的思考等。让孩子在看、听故事的过程中培养想象力与创造力，学会自我表达，感受文字之美、语言之美。除了纯图画的绘本，大多用简短优美的文字叙述故事的发展，很多绘本的文字很美，如诗一般，给读者以美的享受。一些绘本语言风趣幽默又朗朗上口，孩子读起来饶有兴趣并且轻松愉悦。

二、绘本美学教学运用

读绘本有三个境界，第一个境界是"看绘本是绘本"，打开书，觉得图挺漂亮，文字也不错。真正爱上之后就到了第二个境界——"看绘本不是绘本"，好像人生的"看山不是山，看水不是水"一样。第三个境界是"看绘本还是绘本"，只不过会欣赏了，知道书中"字里有乾坤，画中有世界"。我们教学生读绘本要达到第三个境界,让孩子眼中的文字变为脑海中的图画。

而今,绘本阅读作为早期阅读的一部分正被更多的幼儿园所接纳。但不少幼儿园在进行绘本阅读实践时缺乏正确的理念和科学的课程架构,在教师的角色定位、教学形式等方面出现了一些误区,譬如教师枯燥地教导而不是与幼儿愉快地分享,强迫幼儿乏味地学习而不是引导幼儿用心感受,袖手旁观而不去指导等。那么,在推广绘本阅读的今天,小学教师如何走出这些误区,发挥绘本阅读的优势,进行有效的绘本阅读教学呢?

1. 深情导读,在妙趣横生的故事中激发学生绘本阅读的兴趣

不管是日本最负盛名的绘本阅读推广者松居直,还是美国教育心理学家杰洛姆·布鲁纳,他们都一致认为,教师应先为儿童读故事,慢慢地,用比较戏剧化的方式来呈现整个作品。在儿童还没有能力完全自我阅读之前,教师利用"最近发展区"协助儿童了解故事,帮助他们逐渐成为一个真正的读者。在绘本阅读教学中,当教师用自己的声音投入感情地来读故事,用动作、神态辅助语言来"演"故事,用生动、夸张的手法来呈现故事时,阅读的这种快乐、喜悦才会淋漓尽致地表现出来,永远留在学生的记忆当中。

2. 指导看图,通过生动形象的画面教给学生绘本阅读的方法

绘本是用图画与文字共同叙述一个完整的故事,是图文合奏的。好的绘本,能让一个不识字的孩子仅看画面也能"读"出其中大意。手捧绘本,机灵的小猴、憨厚的狗熊、可爱的兔子,还有百无聊赖的小猪、色彩斑斓的变色龙一一跃入眼帘。在童话世界里,它们和孩子们一样,高兴的时候眉开眼笑,伤心的时候哇哇大哭,愤怒的时候暴跳如雷,烦恼的时候眉头紧锁。生动的形象、鲜艳的色彩、熟悉的感觉一下就吸引了孩子的眼球。

3. 巧妙设疑,鼓励猜想,培养学生绘本阅读的能力

好的绘本不仅仅在讲述一个故事,同时也是在帮助学生提升他们的观察力,丰富他们的想象力,升华他们的精神境界。简明的文字与细腻浪漫的图画能让学生的想象力与创造力得以自由驰骋。所以,在绘本阅读过程中,可以选择富有想象、动人的图画,引导学生细细地观赏图画中的形象、色彩、细节等,感受画面所流露的情感、所表达的意蕴,遐想文字以外、图画以外的世界。

4. 创设情境，引发学生在游戏中充分感受绘本阅读的快乐

在阅读绘本的过程中，教师应当预设一些游戏情节或是通过安排游戏的方式引发学生主动探究，当阅读引起强烈的情感共鸣时，学生常常会以角色扮演和身体动作等方式对绘本做出回应。在游戏的情境中，给孩子提供相应的服装等物品，再配上语言、表情、动作，学生就能通过多种感官进入故事的情境，充分感受绘本阅读的快乐。

5. 迁移经验，感悟内涵，在绘本阅读中得到情感的升华

绘本里虽然没有什么深奥的道理，但娓娓道来的文字却犹如清泉，给予孩子情感的认知和生命的哲理。它没有一句教条，却能满足孩子的成长需要；没有一丝说理，却能启发孩子进行深入思考。在这里，孩子能够找到自己生活中的影子和情感的共鸣点。通过阅读绘本，他们不断进行着情感的体验，凭借着阅读，情感得到了升华。

如在阅读《爸爸妈妈的味道》时，孩子充分感受到父母的爱，来自孩子身边的爱丰富了孩子的情感，激发了孩子的爱心；在阅读《戴帽子的小熊贝儿》时，孩子明白了友情就在身边；在阅读《当爷爷"长小"的时候》时，孩子在趣味中会心一笑……这样，当阅读把快乐带给孩子时，也把无可估量的巨大精神财富带给了他们，为他们建造起了自由的精神空间与心灵家园。

对于"绘本阅读"这种阅读方式，教师要充分认识其特点与优势，理性地开展绘本阅读实践。通过深情导读、指导看图、巧妙设疑、创设情境、迁移经验，引导孩子深入体会和感悟绘本阅读的快乐和奥妙，使孩子学会阅读并爱上写作。

此次培训活动，让我对绘本教学有了新的感受、新的体验。作为知识的追求者，每次学习都会给我带来更多的知识，使我的脚步更加从容，笑容更加自信。一切还只是开端，在今后的工作中我会不断去学习、去实践，从而不断地提升自我。

绘本点亮童年

濮阳市实验小学 支俊花

初识绘本还是女儿上小学的时候,记得那是一个星期天,我带女儿去新华书店买书,在琳琅满目的儿童书丛中突然看到一本《大脚丫跳芭蕾》,生动有趣的故事、精美新奇的图画让女儿如痴如醉。当时女儿正在学跳芭蕾舞,对这本书的喜爱让她一直不肯放下,虽然觉得价格有点贵,但我还是毫不犹豫地买了一本。女儿迫不及待地站在书店里津津有味地读了起来,那贪婪的样子就像见到了美食。

后来,我陆陆续续从学生的课外书中看见过绘本的影子。再后来就是学校购买了大量的经典绘本,《猜猜我有多爱你》《爷爷一定有办法》《一片叶子落下来》《山居鸟日记》等,当时仅仅是把绘本当作课外读物推荐给孩子们阅读,目的就是拓宽阅读视野,扩大阅读量,激发孩子的阅读兴趣。

真正了解绘本,是和工作室成员暑假的一次绍兴之行——参加闫学绘本课程研修培训。一周的培训使我走进了一个全新的绘本世界,颠覆了以往对绘本的肤浅认知,一节节精彩的课堂实例和专家对课堂教学的阐释点评,让我清晰地了解了绘本阅读课程的基本路径与实施策略,并与儿童的核心素养和生命成长建立了丰富的联系。

一、让绘本阅读课程助推儿童生命成长

"关照儿童生命成长的秘密，充分挖掘不同绘本的特定元素，与儿童生命成长建立丰富的联结。"这是闫学校长对绘本阅读的定位。绘本适合儿童，吻合儿童的天性，同时它又具有奇妙的生长性，每个人都能在其中感受到心灵的悸动，所以，让绘本阅读成为孩子童年生活中不可或缺的一部分，让师生共读、亲子共读成为大家共同盼望的一段快乐时光，乃是老师的核心任务之一。你想让孩子从某个方面提升，就推荐或引导他读这方面的绘本，这种智慧的育人方式胜过了苦口婆心的说教。

二、盘活绘本阅读核心课程板块

闫学"绘本阅读课程"有两种课程样态：一是单列式，是一门单独的课。比如，围绕哲学启蒙开设的课程，围绕心理治愈开启的课程等，围绕任何一个专题开展的课程都可以成为单独的一课。二是统整式，把绘本阅读融入各个学科之中。统整式的绘本阅读课程是指绘本课程可以和语文、数学、美术等学科整合，是跨界的绘本阅读课。绘本与语文相遇，折射出语言文字的精妙；绘本与数学相遇，碰撞出逻辑思维的火花；绘本与美术相遇，带来构图与色彩的视觉冲击。当课堂呈现一个个有趣又有爱的绘本时，教师将绘本中那些隐藏着的小秘密放大，使其生辉，是绘本与不同学科整合进行统整式教学的关键所在。

全新视角下的绘本阅读课程有九大核心课程板块。

板块一：儿童智慧开启主题，如绘本《爷爷一定有办法》。一个想法改变一个世界，经典绘本里的那种智慧、温暖，能开启孩子的想象力、创造力。

板块二：儿童心理治愈主题，如绘本《野兽国》。故事设计很有意义，揭示了儿童乃至成年人都有的或隐晦或明显的心理治愈需求。

板块三：儿童哲学启蒙主题，如绘本《活了100万次的猫》。该绘本可以放在中年级段，也可以放在其他年级段，也就是说，对于同一绘本，不同的年级段可以只抓其中一个合适的点。

板块四：儿童人际交往主题，如《南瓜汤》。孩子在成长过程中，会和形形色色的人交往，神奇的绘本包罗万象，在孩子对人际交往感到迷茫不知所措时，绘本指引他们前进的方向，帮助他们搭起一座座心灵的桥梁。

板块五：儿童美学鉴赏主题，如绘本《妖怪山》。让孩子在看似简单的图文中进行情感矛盾的体验。

板块六：儿童亲情体味主题，如《猜猜我有多爱你》。在松居直看来，绘本就是一座传递亲情的桥梁，能够把孩子带往幸福的彼岸。

板块七：儿童国际理解主题，如绘本《外公的旅程》。让孩子通过绘本阅读横跨不同的国界、穿越不同的国家文化丛林，认识大世界。

板块八：儿童品德涵养主题，如《小老鼠分果果》。好的品德是可以通过教育和学习获得的。好的绘本故事能潜移默化地触动孩子的心灵，满足孩子的精神需求，让孩子的心态和人格品质经历美好的成长过程。

板块九：儿童创作评鉴主题，如《母鸡萝丝去散步》。学生具有一定的写作能力是绘本创编的基础，把绘本阅读和写作指导结合起来，读写一体，更容易收到双赢的效果。

这些不同的单列主题，都可以作为一门单独的课。

三、多维度解读绘本阅读课程

闫学老师说，当一个教师能够帮助孩子用自己的眼睛和心灵发现生活的美，这样的教师是真正的教师，也是优秀的教师。多维度解读绘本阅读课程，让绘本中的爱填满孩子的世界，是一个优秀教师所追求的职业理想。

不同的绘本，我们可以从不同的维度去解读。

维度一：从美学的角度，如绘本《第五个》。利用光线与构图凸显美学元素，候诊室关门时的光线是灰暗的，给人压抑的感觉，而门打开的时候，光线射进来，就给人一种希望。

维度二：从创作的角度，如绘本《我想吃一个小孩》。如何从创作的角度去看这个绘本？当小鳄鱼看到坐在岸上的孩子时，露出全部牙齿，就好像猛兽，而小鳄鱼小得小女孩能够一只手把它拎起来，在小女孩和小鳄鱼之间形成对比关系的时候，可以让学生进行想象创作，问：这时候会发生什么？

维度三：从哲学和心理启蒙角度，如绘本《妖怪山》。可以引领孩子们思考四个问题：过去的一年，谁被困在妖怪山？妖怪山到底有多少妖怪？书中说野狐一天也没有忘记夏蝉，又说已经整整一年没有喊过这个名字了，两者之间是否矛盾？为何只有让野狐陪夏蝉做完当年的游戏，夏蝉才能重新变回人？抽丝剥茧层层深入思考，不仅探索了在绘本阅读课程中对儿童进行哲学和心理启蒙的可能，而且充分挖掘了绘本的课程价值。

四、打开绘本阅读课程的文化视窗

绘本阅读既要放眼国际，又要立足传统之根。闫学绘本课程将"儿童国际理解"列为重点板块之一，正是基于绘本内容包罗万象、纵横中外又贴近生活、生动可感的特点，其力图打破地域与文化的壁垒，将理解的种子播撒到儿童的心中，通过小小的绘本可以遇见大大的世界。《阴天有时下肉丸》可以让孩子们通过一顿早餐认识世界各国人民不同的饮食习惯，《米莉的帽子变变变》可以将大千世界浓缩到一顶顶奇异的帽子里，《铁丝网上的小花》则将"战争与和平"这个沉重的主题融入具体可感的情境之中……

如果离开了中国传统文化基石去谈国际理解，只会落得邯郸学步的结局。因此，在绘本课程"儿童国际理解"板块中引入了相当一部分以弘扬传统文化为主旨的中国原创绘本，有《哪吒闹海》《大闹天宫》这样的传统神话故事绘本，也有《回家》《外婆住在香水村》这样的当代原创绘本。以传统文化奠定民族之魂，用世界之光照亮未来之眼——这是绘本课程所有创生者和传播者自觉的使命。

五、绘声绘色朗读塑造绘本课程新生命

一个好的绘本,至少会包含三个故事:第一个是文字讲述的故事,第二个是图画讲述的故事,第三个是文字与图画相结合背后的故事。

美国著名的阅读研究专家吉姆·崔利斯曾说"朗读是最便宜、最简单、最古老的教学手段",绘本的三重故事性都可以通过绘声绘色的朗读展现得淋漓尽致。

1. 适度把握朗读节奏,使绘本朗读更有趣味

图画不仅可以帮助我们梳理故事的脉络,了解主人公的情绪,把握感情的基调,还能帮助我们把握故事的节奏。节奏是有生命力的,读绘本时把握了一定的节奏,能让读者的感知不会仅滞留在听觉上,而是在听觉的牵引下,与绘本一起律动,使绘本朗读更有趣味。

2. 利用恰到好处的音乐,使绘本朗读更有韵味

动听的乐曲可以调节我们的心情,陶冶情操,净化心灵,美化生活。读绘本时,配上合适的音乐,让绘本的文字、图画和老师的有声语言、音乐融合在一起,四位一体,更符合大众的审美心理和艺术享受,带给人共鸣。如绘本《花婆婆》可以配上温暖抒情的音乐,绘本《西雅图酋长的宣言》可以配上激昂的音乐,绘本《獾的礼物》可以配上舒缓的音乐。

3. 适时引入戏剧表演,使绘本朗读更有意味

引入戏剧表演形式,绘本的形象更鲜明,内容更有情境感,我们的朗读,也就更有意韵。绘本,是一个喷涌而出的语言的世界。读绘本,就是和绘本作者、绘者、翻译者和倾听者之间的对话。每一次读,都是对绘本的重新认识和建构,我们要用自己的整个身体和灵魂去感知。

在这里,优美的音乐,灵动的节奏,富有张力的戏剧表演,绘声绘色的朗读,让经典绘本的魅力瞬间迸发。小绘本,大世界;小舞台,大学问。绘本可以是有趣的故事,可以是精美的图画,可以是一种训练记忆力和观察力的资源,是习作的素材,是创作的技法,更是人生的哲学。从哲学、美学、创作等不同的角度看绘本,会收获不一样的风景。

资深绘本编辑唐亚明先生说,世界上所有国家的儿童阅读都要走绘本这条路,中国当然也不例外。对于我国语文教育来说,绘本课程的推动与

实施无疑具有突破性意义。作为孩子的启蒙老师，引领孩子走进绘本阅读，用课程帮助孩子幸福成长，让每个孩子都能对自己生命中遇到的人和事，真诚地说一句：遇见你，真好！

阳光把心点亮，月光把梦点亮，绘本把童年点亮，点亮成一个个幸福的成长模样。点亮的童年，精彩绽放；点亮的童年，美丽无双。

遇见绘本，收获美好；播撒种子，静待花开。

美丽相遇，"阅读"烙印

南乐县第四实验小学　张艳阁

借用王崧舟老师的话——每个人的成长，都是一个过程。有幸参与到教研室安排的大阅读背景下的教学课例和讲座，对我来说就是一次成长和提升，让我领悟到别样的一读一世界，一课一天堂。

一、多向度敞开激发阅读

台上的她神采飞扬，透出对教育的自信和执着，宋彦菊老师正在执教《宝葫芦的秘密》阅读指导课，她以激发学生阅读兴趣为纽带，以平等对话为手段引领学生从封面的解读到文本的深入，一个个看似波澜不惊的问题却隐藏着另一乾坤，层层递进。整节课师生对话的路径、对话的维度、对话的方向都是敞开的，有的关注点却恰恰是我平时在阅读实践中忽略的，静下心梳理出来，且行且思。

一是已有认知是敞开的。三年级的学生已经开始阅读课外书了，当老师问学生："拿到一本书先看什么呢？"一石激起千层浪，学生口若悬河地说着已有的经验。此处最让我佩服的是宋老师在对"经典"一词解读时引入作者张天翼的简介，这一设计定会激起学生的阅读期待。对于学生仅关注书的封面，老师的提问所引发的外延知识让学生有了新的方向。

二是内容表达是敞开的。"王葆得到宝葫芦高兴吗？"问后出示图片。"你看出来了吗？"学生们都跃跃欲试描述着王葆的激动和兴奋。待学生的话匣子打开，宋老师出示书中的片段，学生自由读，谈发现，随着宝葫芦的出现带来一个又一个的惊喜，随着对书中一个又一个片段的讲述，学生既丰富了表达又对这本书的内容有了最初的了解。宋老师还进一步追问："读完你感受到了什么？"学生讲述感受的过程恰恰是提升阅读期待的过程。

三是思维方式是敞开的。"想一想所有的东西都有了，这个宝贝你想拥有吗？"我原以为宋老师会在此停留，听听学生的心声，她却突然话锋一转，播放视频，抛给学生一个问题："为什么王葆会有这样反常的举动呢？"老师给学生留有足够的思考余地，我想，有了这份阅读期待，学生心里便播下了阅读的种子。

阅读是师生一起寻找水源的体验，从空空如也读到文思泉涌，扎实地开展阅读定会给语文注入"日出江花红胜火，春来江水绿如蓝"的大千气象。

二、交流文本的灵魂之响

从李玉萍老师执教的《大林和小林》阅读汇报中，我欣赏到师生共同走进书中给学生带来的成长。正所谓老师爱读书，学生才会爱读书。只要我们愿意，只要我们用心，就可以陪每个学生智慧地走过。

提取信息、聚焦人物、品读之最、对比感悟，整节课每个环节的开展是那样清晰，阅读方法的指导都"润物细无声"地融在了交流中。通过概括主要内容、抓住人物特点、品读文字内涵、对比置换想法四个环节，寻找到了书中内容的切入点，激发了学生的阅读兴趣。

曾经，我领着学生阅读《少年趣味读史记》时，每周让学生在阅读的同时积累词语，读完后进行阅读检测，本以为学生在检测时会收获满满，但结果出乎意料，学生能记住的词语寥寥无几。对比李老师的课堂，反思我的实践，猛然发现，自己忽略了老师也应和学习一起阅读，熟悉学生要读内容，从语言出发再回到语言，开展阅读汇报交流，引发学生对阅读文本的敏感，倾听书本发出的细微声响，让共同的热情和不同的感悟汇成灵魂深处的声响。

三、走向课标与课本的融合

读李桂荣老师的《从阅读走向悦读——如何提升学生的阅读兴趣与能力》，我了解到该如何提升学生的阅读兴趣与能力。再次见到李老师，看到了她呈现的又一阅读新视角：深入研读课标，有效实施拓展性阅读，以课文为中心，找准课内材料和课外材料的结合点，从而提升学生的语文素养。

同时，李老师介绍了适合小学各学段的训练方法，一个个锦囊妙计，使我受益匪浅，如巧用重点词语、标点，让积累贯穿阅读始终；利用课文内容的空白点，巧用语言的训练点，举一反三练语用。这些来自课堂的有效实践经验，我们若想运用自如需要在实践中不断尝试，总结提高。

李老师提到最多的是仿写，大胆地"我手写我心"。仿写是一架软梯，帮学生轻松攀爬写作高峰。

师生共读，写我所写。循序渐进，由易而难，坚持不懈，让这些或平实或灵动或跳跃的文字记录自己努力向上之路。渐行渐悟，厚积方能薄发！

四、创意分享搭建悦读平台

一次培训带给我的不仅仅是思考，还有前行的力量。众里寻他千百度，蓦然回首，课堂之道、阅读之法却在灯火阑珊处。李桂荣老师在《从阅读走向悦读——如何提升学生的阅读兴趣与能力》第二篇章中用自己的教学实践和思考，告诉我们一些行之有效的阅读方法，如巧妙运用情境激励、表演激励、榜样激励、竞争激励、游戏激励、活动激励等手段，助力阅读，促之悦读。反复地读、说、演、练，让学生用自己的话讲书中的内容，引领学生深度阅读。

为让学生有持续悦读的能量，班级开设"聊书吧"课堂，这既是我们班的阅读试验田，也是学生阅读分享的天地。每天上午课前十分钟，通过阅读分享，学生的思维火花在此刻碰撞。我想让学生换一种看世界的方式，与诗相约，相约李杜诗篇。"与诗相约"是为学生搭建的又一平台，旨在使阅读与积累并行，让学生学会搜集、整理古诗，并开展创意诗配画活动，学生在亲手整理诗集的过程中，不知不觉浸润书香。拓展阅读走近人物是在引领学生阅读中的一个尝试。六上第八单元，我以"初识鲁迅"，开展了一系列"走近鲁迅"的活动：阅读他的经典作品、了解他的生活经历、讲讲鲁迅故事、背诵鲁迅诗歌、积累鲁迅名言、说说你眼中的鲁迅等，从而帮学生积淀丰厚的人文底蕴。小小课堂"剧"精彩，读故事演一演，使学生实现由课内走向课外，经历一场由阅读到课本剧、由课本剧再到阅读的循环旅程，学生得法于课内，得益于课外。这些点滴的灵感源自《从阅读走向悦读——如何提升学生的阅读兴趣与能力》这本书，一个个锦囊促我成长。

每天见证着班里学生的阅读，我也和他们一起与书相伴。我想，即使学生像犟龟一样慢慢在路上爬，也不必着急，因为只要上路，总会遇上最隆重的庆典。

春光美如斯，读书正当时。吾将珍惜拥有的一切平台，把握能够让自己进步的每一次机会，向着梦想出发，心系语文，烙上阅读印，让阅读成为必修课。

第二章

唤醒专业的自觉

赴青海师大，学大美思想

濮阳市实验小学　李桂荣

2017年暑期，源于教育写作培育项目，我参加了中原名师高级研修活动，走进青海西宁，学习极具内涵的大美教育思想，了解极具特色的人文教育情怀。这次培训在理念引领及模式上有了很大创新，给我们带来了很大收获：激发了内驱力，启迪了新思维，开拓了新视野，确立了新行动。

一、在青师附中遇见大美教育

青海师大与青师附中（青海师范大学附属中学）专家们通过专题报告的形式，从不同角度解读了青海的大美和青师附中的大美教育，使我们领略了其宽泛而深远的含义。

青海的大美在于山川的壮美神奇，土地的辽阔广袤，特产的丰厚富有，人民的淳朴豪爽，这里有宛如人间仙境的青海湖，天造地化的三江源，精神家园塔尔寺，横空出世的莽昆仑。青海的大美更在于多元的青海文化，各民族文化交相辉映，互补共生。陈荣兵老师的如数家珍，激起了我们想去走走看看的愿望。

青师附中之大美教育在于其圆成之美、尚德之美、兼济之美、致性之美，其对学生的培养目标是阳光灵气、文质彬彬，体现了核心素养"自主发展——阳光灵气，社会参与——有责任、有担当，文化基础——文质彬彬"。青师附中在此基础上提出了"国家课程校本化、校本课程国家化"以及培养学生"会写一手好字，会弹一种乐器，会一项体育运动，能写一篇好文章，会一种棋类活动"的具体目标，每个目标明了，落点又小又实，可操作性强。

何为大美教育？刘海老师从对学生的不当管理方式、学习任务的重压、机械地教与学带来的负面影响，给大家带来思考：作为教师，是做一名教书匠，还是做一名拥有匠心的思考者？其实，作为一名教师，既要脚踏实地，又要仰望星空，而这一切都要落实到课程之中，零零碎碎的课程要形成课程体系，这需要一种理念引领，作为教育人需要深度思考。因此，青师附中基于以下四个方面提出了大美教育：

一是基于对附中办学传统的尊重与新发现。青师附中与青海师大是相融互生的，其所提出的"大学里的中学，中学里的大学"，充分体现学校独有的办学特色与管理风格。

二是基于对大美青海地域文化的回应与认同。"大美"源于庄子的"天地有大美而不言"，在这里，"大美"是淳朴民风之美、自然风景之美以及对地域的认同。

三是基于学校12年一贯制的办学优势。注重对学生从小在学习、生活等习惯上的培养，以形成良好的人生态度，成长为一个全面健康发展的人。这就是大美教育所说的学会生活、热爱生命的圆成之美教育。

四是基于附中在青海教育中的责任与担当。青师附中是西宁的高级中学，担负着青海高中教育振兴之责，课程改革样板学校、影子校长培训基地等重任在肩。"人"要成为一个大写的人，应该张开双臂，有"致性成功"之美，有"圆成生命"之基，还要有"兼济公民"之责。

"敏捷卓远，丰厚宽诚"是青师附中的校训，青师附中以"顺天致性、智慧地教、高效地教、全面健康地发展"为路径去实现大美教育。顺天致性就是遵循人的成长规律，教育学生的艺术不在于传授知识，而在于激励、唤醒、鼓舞。

二、大美教育带来的思考

我听到的、看到的、了解到的青师附中，是一所与众不同的学校，其践行符合教育规律的思想，脚踏实地，反复融合，直至内化到每个人的血液里。他们不去死盯学生的作业，也不让学生做过多练习，从不挤占音乐课，该上的体育课一节不落，与一些困于"唯分数"怪圈的众多学校相比，实属难得。

认真倾听专家报告，深入考察这所包容的学校，感受最深的是，他们关注到了人的发展。从校领导到老师再到学生，从活泼的人到安静的物，我看到了他们之间的尊重与和谐、敏捷与卓远，体现"为了学生的健康成长"的大美教育理念，达成培养"学会生活，博大启智"的目标，关注每个生命的茁壮成长与发展。巨大的冲击波使我陷入沉思，恍惚回到20多年前刚提素质教育时，学校努力营造宽泛的育人氛围，学生在学校里心情是愉悦的，心灵是放松的。而今，家长"望子成龙望女成凤"，有多少家长能真正站在孩子身心健康上去考虑？又有多少学校能守住办学的初心？

新理念会带来更多思考，这就是学习的意义，不会只盯在一处受局限，思维是延展多元的，会站在不同的角度看问题，会更关注人、理解人。在这里，青师附中的老师从容地走自己的路，做自己的事情。

三、规划美好，发力前行

法拉第说，学习这件事不在乎有没有人教你，最重要的是在于自己有没有觉悟和恒心。在学习与思考的过程中，我会按照上面所说不断地提醒自己。青海的这次教育行走是一道高端唯美的"精神大餐"，无论是青师附中的办学思想及对未来的支撑，抑或以陆辉老师为代表的老师们的成长故事，都在告诉我们，他们在用心做教育。一个热爱教育的人，一定有自己的思想。理念是文化的核心，一个学校的发展要靠文化引领，而理念与文化要通过课程实现才更丰富，课程又要靠师生实施，而且这些课程很重要。那么，就要确立明确的教育理念，先进的管理文化体系，完善的课程文化体系。

大美青海，大美教育，难忘这美丽的相约。达尔文说，任何时候，不要因为长期埋头科学，而失去对生活、对美好、对诗意的感受能力。与大美名师的团队走在教育之路上，学习交流，享受教育，感觉很充实、很幸福，进一步做好规划，向着美好的目标努力前行。

充电学习，永远在路上

濮阳市实验小学　宋彦菊

又一个火热的七月，又一次来到北京，再次走进北京师范大学，参加河南省濮阳市小学语文骨干教师教学能力提升高级研修班。为期五天的培训，让我再次经历了一次思想的洗涤，收获满满。

一、给学生播下书香的种子

随着阅读地位的提升，整本书阅读也理所当然地被列入了课程。可是，怎样开展整本书阅读，是当下老师们最迫切需要的。北京市海淀区外国语实验学校的孙凤霞虽身为学校副校长，但仍然带班，其在带领学生开展课外阅读方面做了很多工作，取得了非常好的效果。孙老师的很多做法非常值得我学习。

1. 阅读要有引领和设计

带领学生开展阅读活动的是老师，所以，每学期老师都会向学生推荐阅读书目。可是这些阅读书目，有相当一部分老师仅限于推荐，然后时不时问一问学生读完了没有，借口工作忙碌，推荐给学生读的书自己却连一眼也不看。怎么和学生交流呢？简单得很，大数据时代，网络上有很多整本书交流的阅读设计，只要拿过来，按照问题让学生说一说就算完事，有的甚至连阅读交流也不组织，任凭学生自由阅读，至于学生是否阅读完，阅读的效果怎样，一概不管。教师推荐的书籍有时候并不一定能引起所有学生的兴趣,为了激发学生的阅读兴趣,在推荐给学生阅读时,教师首先需要上一节阅读推荐课,要上好这节课,前提当然是教师先认真阅读完这本书。学生阅读的过程中,教师还要组织学生上阅读方法指导课;整本书读完了,还需要组织学生上阅读交流课。无论是阅读方法指导课还是阅读交流课,都需要教师潜心阅读完这本书,甚至要反复阅读,才能有自己的设计,才能上得精彩。如果仅限于推荐,根本达不到让学生用心阅读的目的,这样的阅读引导只不过是流于形式罢了。

2. 课外阅读要有一定的计划

通过制订计划,将阅读任务分阶段进行,实现自觉阅读的目的。具体到阅读书目上,教师应该按照小学生的心理特征,根据他们的兴趣爱好,设定阅读书目的层级,有层次、循序渐进地指导学生阅读合适的书目。低年级段注重趣味性,如童话、寓言类作品;中年级段注重情节完整性,如故事类、诗歌、散文作品;高年级段适当多推荐一些文学性作品,如长篇文学名著等。对于一所学校来说,课外阅读不应该只是语文老师的单打独斗,全校应该有整体框架,具体到每个年级的每个学期,都应有推荐给学生的阅读书目,这样的阅读书目自一年级至六年级是有计划的,书籍是适合学生阅读的。在这方面,我校做得就比较好,几年前,我们就设置有"行走在阅读间"的大阅读计划,按照学生年龄特点,每学期有学生必读书目,并且与新华书店联办,所有必读书目全部整套购买,方便各班之间进行漂流阅读,期末还要检测效果。因为学校重视,老师们也就重视了起来,老师的重视推动了学生的阅读,所以,我校学生的阅读量远远超过了课标规定的数量。

3. 一学期精心阅读一本书

为达到阅读数量,我校规定每个学生每学期要阅读六本书,数量是达到了,在老师的重视下,大多数学生的阅读效果也还能说得过去,但却不能保证每个学生的阅读效果。这是这些年我一直纠结的问题。而孙校长所带的学校,一个学期只带学生精心阅读一本书。这种高阶阅读设计,让每一个学生都读得极其深入。比如孙老师带领学生阅读《西游记》时,进行了下面四个环节的交流:故事源流与成书过程;叙事模式,圆形叙事;故事元素,荒诞魔幻;思想内容,丰厚深邃。反思自己带领学生阅读《西游记》时，仅限于人物形象的分析和故事的讲述，既没有注意到故事的源流和成书过程，也没有注意到叙事模式和丰厚深邃的思想内容。跟孙老师比起来，我带领学生阅读时读得太过肤浅。

看来，带领学生开展课外阅读是一项大课程，需要深入研究。只有在学生心中播下书香的种子，才能让阅读成为学生的一种生活方式并伴随终生，从而一生受益。

二、培养学生的朗读能力

朗读是学生在学习语文中应具备的一项重要能力，课标对学生的朗读提出了非常明确的要求，所有课文的课后练习基本都安排有朗读的作业，可见，朗读教学是语文教学的一项重要内容，不容忽视。但为什么有的学生不会朗读？听了北京光明小学特级教师武琼老师所做的《朗读是我们终身的阅读能力》讲座后，才发现问题出在老师身上。

所谓朗读，是用清晰、响亮的声音依照文字念出来。这里有两个要求，一个是"用清晰、响亮的声音"，一个是"依照文字念出来"。学生达不到朗读要求，有的是声音含糊，发音不准，有的是声音太小，周围的人听不清楚，还有的是朗读时出现丢字、添字、错字、回读等问题，没有做到依照文字念出来。无论是课标还是教材都对朗读提出了明确的要求，但有的老师认为课堂上让学生朗读浪费时间，于是，把朗读课文的要求放在家庭作业中，孩子按要求读了课文后家长签字。在这一过程中，有的孩子在家里是不朗读的，有的虽然朗读了，因为家长不懂朗读的要求，也不会对孩子的朗读进行评价，只是听着孩子读了，就算完成了朗读任务。朗读是用声音表达、传递作品美的内涵，如果家长不懂不会，老师也不教，如何保证孩子学会朗读呢？家长不懂情有可原，老师不懂可就耽误孩子了。

在讲座过程中，武老师让大家齐读我们本次培训横幅上的文字——"河南省濮阳市小学语文骨干教师教学能力提升高级研修班"，第一遍读完，武老师觉得大家只不过把文字读了出来而已，并没有融入自己的情感。此时，武老师没有教我们朗读的技巧，只说："濮阳有多少老师呀，能坐在这里参加高级研修的又有多少？"然后让老师们再读，听了武老师的这句话，我们的自豪感一下子就增强了，再读时跟第一遍完全不一样了，气势就上来了，武老师特别满意。我们指导学生朗读时，为什么学生读了一遍又一遍，仍然读不好？现在想来，是老师不会调动学生的情绪，不会指导朗读，即使读了很多遍，学生仍然停留在最开始的水平上，当然就没有所谓的提高了。

三、深入把握统编教材体系

对于我来说，如何使用统编新教材是一个极大的挑战。幸运的是，这次学习，唐富春老师对统编教材进行了深入解读，对我来说，实在是雪中送炭。

在编写理念上，统编教材将落实社会主义核心价值观作为重要指导思想，按照"整体规划，有机渗透"的基本思路，在语文课程中落实"立德树人"的根本任务。这一根本任务的落实首先体现在教材编排内容上，其次是方法上要整体渗透，润物无声，用语文的方法熏陶、感染、渗透，而不是上成道德与法治课。

在编写特点上，创新了教材编排体系。新教材改变了传统的完全以阅读为中心的编排体系，科学地安排语文策略与能力序列。在重视培养阅读理解能力的同时，加大语言表达特别是书面表达在教材内容中的比重，达到阅读理解和语言表达内容上的均衡，以引导语文教学更加关注表达，促进学生语言运用能力的提高。统编教材的一个主要特点就是注重目标的层次性和发展性。语文课程标准只有目标没有内容，新教材的编者把语文课程标准的目标进行了细化，尝试构建语文能力目标体系。新教材最大的一个优点是每一个学段、每一个年级、每一册书的语文要素都很明确，而且体现了目标的层次性，是一个螺旋上升、循序渐进的发展过程。比如关于复述，统编教材依据儿童语言能力发展特点，循序渐进地让学生练习各种各样的复述。比如，二年级教材安排借助图片等讲故事，三年级安排详细复述，四年级安排简要复述，五年级安排创造性复述。

创新教材编写特点还体现在采用双线按单元组织课程内容。新教材以宽泛的人文主题将单元课文组织在一起，形成一条显性的贯穿全套教材的线索。同时还有另一条线索，即将语文要素作为主线、明线，包括必备的语文知识、基本的语文能力、适当的学习方法（策略）和学习习惯等，分成若干个知识或能力训练点，由浅入深、由易及难地分布在各个单元。以人文主题为线索统筹安排，有利于发挥语文学科进行思想教育和情感教育的优势；将语文要素作为另一条线索，精选典范文本，安排必要知识，优化学习策略，有利于促进学生语言文字运用能力的发展。每个单元，既有较为宽泛的人文主题，又有非常明确的语文学习要素，这种双线组织的单元结构，使知识和能力的要求更加清晰，使教学更加有章可循。

四、核心素养引领教学方向

尽管多次读到过跟核心素养有关的文章，也在讲座中不止一次听到过有关解读，但一直不甚明确。这次参加研修学习，有幸听到了教育部基础教育课程教材发展中心（现为教育部课程教材研究所，下同）付宜红老师所做的《落实核心素养，深化课程改革》的讲座。付老师高屋建瓴，从"核心素养概念的提出""核心素养与课程改革的深化""核心素养在学科中的体现""落实核心素养，指向全面育人"四个方面对核心素养进行了详尽的解读，使人听后有拨开云雾见青天之感。

2011年版课标中提出了三维目标：知识与技能，过程与方法，情感、态度、价值观，为什么只过了短短三年，2014年又提出"核心素养"呢？《教育部关于全面深化课程改革落实立德树人根本任务的意见》中这样指出：根据学生的成长规律和社会对人才的需求，把对学生德智体美全面发展总体要求和社会主义核心价值观的有关内容具体化、细化，深入回答"培养什么人、怎样培养人"的问题。所谓核心素养，就是学生应具备的适应终身发展和社会发展需要的必备品格和关键能力。素养不只是知识与技能，它是在特定情境中，通过利用和调动心理社会资源（包括技能和态度）以满足复杂需要的能力。

世界著名未来学家阿尔文·托夫勒指出，21世纪的文盲不是那些不会阅读或写作的人，而是那些不会学习、学过就忘以及重复学习的人。如果我们今天还停留在只是教学生学知识，而不是教学生学会学习，让学生具备应具有的核心素养，那么教出来的学生真的就成了新时代的文盲了。

　　回顾当下的语文教学，有相当一部分老师是只教知识的。面对一篇篇课文，教学生认了几个十几个生字，读熟了课文，文字优美的文章背诵了几个片段，认识了一些修辞手法，懂得了文章习作的一些方法，考试的时候能让学生写在试卷上，考出了高分，以为教学任务就算完成了。可是，上一年学过的不少知识，下一年有不少学生就忘记了，再需要运用的时候，又要重新学习，这是为什么？就是我们只专注于知识的灌输，而忽略了对能力和素质的培养。比如学习生字，是只为学习生字，还是让学生通过生字的学习产生识字的兴趣，掌握自主识字的方法呢？还有我们在教中高年级课文时，总喜欢带学生分析怎样抓住人物的语言、神态、动作、心理的描写表现中心，可是学生写起作文来，还是无从下笔，不会把自己的文章写得生动形象、情真意切，原因在于我们只停留在让学生知道，却没有让学生及时学以致用。学习知识没有错，如果单单学习知识，而忽视了带学生在积极的语言实践活动中积累语言经验，忽视了带学生在语文学习中发展语言能力和思维方法，那就大错特错了。方向比努力更重要，如果方向错了，南辕北辙，只会离目的地越来越远。

　　暑假是用来充电的，这句话不但适用于学生，更适用于教师。对于一线教师来说，上班期间每天忙于班级的各种大小事务，根本挤不出大块时间学习。放假了，卸下一身的疲惫，踏上学习的旅程，尽管一天6—9个小时的学习很辛劳，但与满满的收获相比，辛劳便化作了动力。充电学习，我们永远在路上！

路远亦芬芳，悟道渐幸福

濮阳市实验小学　闫昱臻

荷叶罗裙，夏蝉鸣鸣，在这个热情的季节，满怀着激情与渴望，我和名师工作室的老师们来到了北京师范大学，开始了在这里的精神之旅。虽然只有短短的五天，留给我的却是心灵的撞击，给予我的启发和经验将成为一笔永久的财富。

一、学会相处，认真做事

听完陈延军老师的《用教师的智慧培养有综合学习能力的学生》这场讲座，给我印象最深的一句话便是："教育，一个肩膀挑着学生的现在，一个肩膀挑着祖国的未来。"作为一名教师，我们每一阶段所做出的每一分努力都肩负着学生和祖国的未来，我们要牢记现在的教育是为未来培养接班人的！

作为一名小学语文教师，我就先从自己开始谈起吧。从前我狭隘地认为负责讲好语文课本就行，学生能够自如地遣词造句就行，但随着教学的深入，自身经验的积累，我越来越认识到语文这门学科的广泛性和引领性。就如今天陈老师谈到的，一定要营造学会"相处"的语文教育氛围，教学生学会与自然相处、与社会相处、与他人相处、与问题相处、与自己相处，语文所教出来的学生一定是人格健全、全面发展的人。语文教师一定要具有长远、大局的眼光，带学生用语言交流情感、以读提升内涵、借写展示思想。

　　陈老师身上还有一点非常值得我学习，那就是"认真"。陈老师说，认真是语文必备的本质，好的老师和好的学生都很认真。当他写完一篇文章时，总会反复斟酌其中的每一个词、每一句话，使之达到精准、独特，不断地看文、改文，以之为乐，沉醉其中。反思自己每次写完文章之后，总觉长舒一口气，了事即可，从不会静心沉思咬字品词，除了有自身知识储量浅这一原因，更重要的是自己的态度问题。作为老师，我经常给学生说记住"认真"二字，一切都不是难题了，而自己却往往忽略，真是惭愧！从今以后无论做什么，我会摆正态度，杜绝应付拖延，认真做好每一件事。

二、学会读书

　　读书可以让人的思想保持动力，让人的智慧得到启发。如何指导学生进行有效的课外阅读，今日听了孙凤霞老师的《播下幸福的种子，让自己幸福一生——小学语文课外阅读方法指导》讲座，为我指明了方向。

1. 从阅读兴趣说起

　　培养小学生的课外阅读兴趣，要立足于课内，带动课外。部编教材中新增的"快乐读书吧"这一模块结合单元课文主题，给学生推荐相应的课外书目，通过结合课文内容吸引学生的兴趣。课内和课外阅读活动要有计划地全面安排。如二年级学习某一园地后，要求学生选择自己喜欢的读物参加朗诵比赛或者讲故事大会，教师应认真组织这些活动，用课内训练促进课外阅读。

2. 训练阅读方法

　　（1）会读。即形成正确的阅读策略：初步学会浏览、略读、精读的方法。就教学而言，精读是主体，略读是补充；但就效果而言，精读是准备，略读才是应用。

　　（2）会选。对于小学生课内外读什么书，语文教师要做精心的指导。根据新课标要求的小学生各年龄段阅读书目，采取向学生推荐和向家长列书目清单介绍的方法，让学生和家长有选择地阅读书籍，以提高学生的阅读质量。

（3）会写。俗话说"好记性不如烂笔头"，读书要做到眼到、心到、手到。教给学生写读书笔记的方法：第一，摘抄原文。摘抄阅读中遇到的好词佳句，以加强语言积累，丰富写作素材。第二，提纲式摘录。要求学生写出所读文章的主要内容，各部分的大意，以培养学生总结、概括的能力。第三，写读后感。阅读时引导学生写读书感受，评价文中的人物、事件、语言等，并记录下来。

3. 开展实践活动

（1）课前三分钟，轮流朗读。利用课前三分钟，让学生轮流上台念一段自己摘抄的优美语段，不仅能积累词汇，还能促进学生在课外自觉认真地阅读。

（2）举办朗读、讲故事比赛。通过举行比赛，在班里掀起读书热潮，引发课外阅读兴趣，促进学生大量阅读。

（3）开展"向你介绍一本好书"的读书活动。学生自己经过筛选后，向全班同学介绍自己读过的一本好书。学生为表现自己，必定行动起来，积极阅读并认真比较。

总之，我们在培养学生阅读时，应注意阅读兴趣的激发和阅读方法的指导，并重视阅读效果，给予正面的引导，使学生从小养成良好的读书习惯。

三、学会朗读

所谓三分文章七分读是在告诉我们朗读的重要性。培养小学生的朗读能力，是我们语文教学的重要任务。上午听了武琼老师的《朗读是我们终身的阅读能力》讲座，短短三个小时，使我对朗读有了更清楚的认识，对如何指导学生朗读有了更具体的、可操作性的方法。

那究竟该如何指导学生朗读呢？无外乎我们平时所要求的"正确、流利、有感情"。武老师讲的"正确"指语音问题，即能读熟文章，保证一字不差，这是最基本的；"流利"指语流问题，即词连续，句子连续，快慢得当；"有感情"指做到表情达意。武老师在停顿、重音、节奏、语调等方面进行了详细讲解。在整个指导朗读方法的过程中，武老师没有一次示范朗读，而是通过点拨的方式，告诉我们该怎样去读。武老师讲到不少老师在课堂上总爱说"请听老师来读"，其实这是不可取的，这是一种生硬模仿，只是学会了腔调，并没有读出韵味，读出感情。其实，朗读是一种个性化的展示，教师不要以自己的范读为标准，而是启发学生用自己喜欢的方式读出各自对文字的体会，带着自己的理解，用自己的声音读出文字的味道来。比如：一年级课文《小小的船儿》，如果老师范读可能会是"小小的船儿／两头尖"，而一年级的学生在读时，便是"小小的船儿——两头尖"，因为他们在朗读的时候，欣赏着插图，想象着画面，带着快乐，这样听起来便很自然地感受到了学生的那种天真。朗读是学生认知的心理过程，从浅语中捕捉具象，在具象中感受意象，把意象生成画面，用画面激发情感，并运用声音表达传递出来。读书并不是"染之苍则苍，染之黄则黄"的过程，我们必须鼓励个性化的多元朗读，让学生在愉快的氛围中将自己的发现表达出来，与人分享，共同提高。

有时，可能因为学习进度的需要，我总会觉得在课堂上一遍一遍地读文，有点浪费时间。听了武老师的讲座，我认识到了自己的错误。语文教学要重视朗读，在朗读中整体感知，在朗读中培养语感，在朗读中受到情感的熏陶。一篇文章，只有反复诵读，才能领会其妙处。

虽然只有短短的五天学习时间，但我收获满满。培训虽然结束了，但学习却需要坚持，我需要消化学到的知识，并思考如何将新理念、新方法运用到实际教学当中，带着我的初心和梦想扬帆起航。

悟道京师，潜心学习

濮阳市实验小学　唐瑞锦

2019年7月3日，我怀着崇敬的心情，开始了为期一周的京师研修之旅！北师大的专家们博学、幽默、风趣，他们旁征博引、贯通中西、现身说法，所举事例个性而通俗，他们深入浅出的授课风格烙在我的头脑中，引发了一场"头脑风暴"。聆听学者们的讲座，就如同参观百花园，让我应接不暇，愉悦而激动。"大学之大，非大楼之大，乃大师之大"的现实意义让我的精神境界得到升华，我懂得了作为教师的研修目的，明白了育人之道，学到了攻坚克难的实际方法，对提高学生习作能力有很大帮助。

乔亚孟教授别开生面的讲座，从三个大方面讲述了如何激发学生习作的兴趣，让学生爱上习作。以学生生活为源泉，以课程标准为依据，以阅读积累为基础。兴趣是最好的老师。让学生"我手写我心"是其中的奥妙。乔老师提出的阅读对习作的辅助性、对习作的兴趣激发，让我对低年级写话有了新思考，建立了新构架。写作其实没有那么难，爱上写作，你就会习惯写作，习惯用笔书写心情，用笔书写身边的一切。语文日常学习也离不开阅读的辅助，阅读使人开阔视野，阅读可以丰富人生。当下，我们一直强调语文素养、核心素养的沉淀，阅读便是那把"金钥匙"。边听边记的过程中，专家的深入讲解令我恍然大悟：平时自己的教学，显得那么单调。我们的学生，不是埋头苦读书的书呆子，而是要成为德智体美劳全面发展的时代新人。我深知肩上的担子有多重！

北京市光明小学武琼老师的讲座《朗读是我们终身的阅读能力》，为我们指导学生朗读指明了方向。武老师从"什么是朗读、朗读的意义和要求、课堂教学中的朗读训练"等方面，详细讲解了如何指导学生朗读，这也是我的困惑所在。朗读是用声音表达、传递作品美的内涵。三分文章七分读。武老师现场和老师们就小学语文课标各个学段的朗读姿势、发音进行了互动交流，老师们的学习热情空前高涨，收获颇多。武老师还通过五种朗读技巧——确定基调→层次感→语言张力→停连重音→表达自然，一步一步揭示了朗读艺术的底蕴和魅力。武老师鼓励我们，在平时语文教学过程中，不仅要通过字、词、句、段、篇的教学加强朗读训练，还要重视朗读基本功的训练。

北师大袁志勇老师在讲座《作文有效教学》中，通过鹦鹉的故事引发了我对"习得"的思考。鹦鹉在主人重复的、强制性、长期的训练中并没有学会"你好"两字，反而在一个特殊的情境下不知不觉间会问"谁呀"，还会答"收水费的"。教育本身就是一项复杂的工作，需要每一个教育工作者仔细思考，深入研究。"习得"行为的成功应该与我们常说的"熏陶""耳濡目染"相匹配，特定情境的激发也不可或缺。这就要求在对学生的教育过程中，老师、家长要给他们创造轻松愉快的学习环境，处处给他们做行为上的榜样，要求他们做到的，老师、家长先做到。想要孩子表现好，大人要以身作则；想要学生作文好，老师在和他们交流时要学会运用学过的好词好句；想要学生课文读得好，老师的朗读技巧就要明确实用，而不仅仅是朗读形式的变换。好的熏陶会让学生从量的积累达到质的飞跃。我们期待这样的成效，所以我们必须提高自己教学的各项基本素质，用不断更新的知识泉水去浇灌渴求知识的学生。

付宜红老师为大家分享了讲座《落实核心素养，深化课程改革》。讲座分别从"核心素养概念的提出""核心素养与课程改革的深化""核心素养在学科中的体现""落实核心素养，指向全面育人"四个方面出发，传达了核心素养在学科教学中的重要性，强调了教师教学育人才是最终目的。让我印象最为深刻的是付老师用她那坚定又慈爱的声音给我们讲述了核心素养的含义、立德树人与教师工作的联系、我国学生发展的核心素养框架、核心素养与课程改革的深化等问题。付老师通过一个个范例让我们反思：我们的学科真正要达到的目的是什么？我们最终将培养具有什么样价值观的学生？付老师的讲座就像一场"及时雨"，消除了我内心的迷茫；像一盏明灯，照亮了我前进的方向。

北京师范大学实验小学陈延军老师的讲座《用教师的智慧培养有综合学习能力的学生》，分析总结了现在的语文课堂教学现状，他提出，语文课中要运用理科的思维，让语言"清清楚楚"。在这个十分强调语文学科人文性的背景下，陈老师的观点令人思索，他认为语文老师应当通过语文教学使学生养成从语料中发现语言现象、概括语言规律的习惯；教给学生积累语言材料的正确、有效方法，敦促学生通过自觉的积累使自己的语言逐渐丰富起来；让学生通过观察、想象、分析、综合、推论等方法获得新知识，并在此过程中，提高学生把已加工成熟的思想用得体、优美的语言表述出来的能力；最后，还要以语言为桥梁，培养学生的人际交往意识、创造思维意识和文化修养意识。

教师一直以来被世人赋予了无数光环：春蚕、蜡烛、园丁、人梯、人类灵魂的工程师……我也一直这样骄傲地自居着。然而这次培训让我对教师有了新的认识。我不愿只做蜡烛也不甘只做园丁，我要做那朵和学生一起待放的花，既不耽误学生的青春，亦不辜负自己的芳华！我要学做有理想信念、有道德情操、有扎实学识、有仁爱之心的"四有"好老师；学做学生锤炼品格、学习知识、奉献祖国的引路人。

我要跟随陈延军教授学做这样的老师：用"放大镜"的眼光及时捕捉学生身上的闪光点；用"缩小镜"的眼光看待孩子的缺点，善待每一个不完美的学生；用"望远镜"的眼光看待孩子的前途，放下焦虑和功利心态，陪伴孩子，静待花开。

我要跟随唐富春教授学沟通，学做有规则、有温暖的教育者。

正如李嘉诚所说，如果你只是站着不动，自然不会伤到脚趾，你走得越快，伤到脚趾的可能性越大，但是同样，你拥有机会的可能性越大。在这条成长的路上，我宁愿前行"伤到脚趾"，也不愿原地不动，因为我坚信这将会是一种美丽的疼痛。

绿树荫浓夏日长，京都学堂研修忙

濮阳市实验小学　李玉萍

首都，北京师范大学，盛夏七月，烈日炎炎，暑气逼人，也挡不住中原名师李桂荣工作室7位老师学习的步伐。为期五天的学习，内容丰富，既有专业引领，精神支撑，又有方法指导，经验分享，让我们开阔了视野，学习了很多教育教学的新理念、新思想，受到了很大的鼓舞。可谓收获多多，不虚此行。

陈延军老师教我们如何备课：要努力做到"守正创新"。"守正"就是要先了解小学语文基本的教育教学规律，"创新"是在遵循规律的基础上进行改革、创造。语文课上，要有撬动整节课思维的问题，对于关键词句要重锤敲打，让它们闪出耀眼的火花等，这些充满智慧的言论启发了我对语文教学的再认识、再思考，使我对语文教学有了更加深入的认识和理解。

孙凤霞校长教我们如何进行课外阅读指导：课外阅读指导应抓住两个关键词——兴趣和方法。在每一个学生的心里，都埋藏着求知好学、渴望知识、渴望阅读的种子。作为教师，我们要做的就是通过多种形式的有效引导，通过课堂上同伴之间阅读感受的共享，通过对学生多元化的评价激励，让阅读这颗种子尽快发芽，使得学生阅读的欲望不断增强、阅读能力不断提高。作为语文教师任重道远，我们要做到以下几点：

第一，慎重选取阅读书目。选取的书必须是有价值的、教师自己喜欢并认真阅读过的书。只有借助这样的读本，教师在师生共读过程中指导起来才能游刃有余，对于提高学生的阅读能力才能有很大帮助。

第二，教师的指导要有充分的准备，主次清晰、循序渐进。首先，教师要做好师生共读的计划，安排好各章节阅读的时间。其次，汇报交流的形式和内容是学生喜闻乐见的。正因为教师前期已经对共读书目有了详细的研究，因此，对所选书目章节的分布体系以及整本书的语言特点、事件展开、人物刻画、情节跌宕、蕴含的思想等，教师应该是了如指掌的。最后，要循序渐进，绝对不能急于求成。

第三，在教师的引领下，学生能习得一些读书的方法。将这一阅读方法迁移到课外，以提升有效自读的能力。

第四，重视阅读成果评价。为了保持学生的读书热情，要重视对学生读书阅读成果的评价，可以设置一些奖项。如"最受欢迎图书奖""读书明星""乐于写作奖""故事大王"等。通过评价激励，调动不同程度、不同特点学生的阅读积极性，在班级营造出一个良好的课外阅读氛围。

作为语文教师，我们应该把一本本有趣的耐人寻味的书，带到学生面前，给他们打开一扇扇窗，开启一道道门，让他们兴致勃勃地阅读。

武琼老师教我们如何指导学生朗读；乔亚孟老师和袁志勇老师则指导我们如何引领学生乐于说话、写话；付宜红老师站位高远，几次参与课标的修订和教材的编写，对课程改革的解读非常接地气，让我更加深入了解了课程改革的方向，进而深入思考课程改革与每个学科、课程的关系，使我对统编教材少了一些迷茫。

尤其是北京师范大学张燕玲教授的讲座《从新课标理念看国学经典在中小学的开展》，给我带来了深深的震撼。张燕玲教授一开始就分析了语文背诵的现状，从小学到大学的背诵完成量，与民国时期的大师比起来差很多，而语文能力的提高需要依靠背诵大量的经典诗文、阅读大量的作品。张燕玲教授曾做过一项调查：北京师范大学文学院大一的学生能熟练背诵语文课程标准中60%的古诗文，普通汉语言文学专业的大三学生能够背诵的古诗文字数是4000—12000，很多学生的背诵量只有3000—5000字。北京市高考中古诗文填空题，每年都有7%左右的学生得0分，不少学生根本不背诵。胸无点墨，哪里来的语文能力与素养？没有大量的优秀经典诗文的背诵，如何形成语感？如何实现语言的建构？我们作为培育祖国花朵的辛勤园丁，有什么理由不让学生亲近经典，有什么理由不引领学生诵读经典呢？要想让学生去读经典、诵经典，去感受经典文化带给他们的智慧，我们做教师的首先要身体力行。文化就是以文化人，文化的"化"是一个过程，是一个润物细无声的过程。学生通过接受经典诗文，感受其文字之美，体悟其思想之真。

接下来，我准备像张燕玲教授谈到的那样，制订可行的经典诵读方案，循序渐进地和学生一起学习，共同成长。对小学低年级的学生不过多释义解读，对高年级的学生适度释义导读，但可以不求甚解，不必像语文课那样掰开揉碎地讲，因为对经典的学习不是一次可以完成的。重要的是把原文刻印在脑子里，今后随着年龄和阅历的增长，会渐渐有所感悟和理解。小学生记忆力强，可以集中精力多读多背，教师虽然记忆力不比学生，但教师的理解力、感悟力强，几轮学生带下来，不断反复，就能慢慢记熟。其实，如果我们深谙语文教育规律的话，十万字的中华经典烂熟于心，语文的读与写还是问题吗？更重要的是，我们可以通过经典的诵读、书写、讲解而立德树人。

儿时的记忆力是最好的，儿时记住的经典内容，就像种子种下去一样，将来一定会慢慢生根、发芽、开花、结果。所以，为学生一生谋划，我们就要千方百计让孩子诵读经典，并让其从心理上对经典产生一种深深的依恋。

虽然我已年近五十，有三十多年的教龄，但依然感受到不断更新自我知识结构的必要性。这次的培训，让我再次体验到了学习研修的快乐，洞悉了教学中的偏差，为今后的教育教学工作找到了努力的方向，受益匪浅，收获颇丰。"纸上得来终觉浅，绝知此事要躬行。"接下来，我会把所学所思在工作中认真实践、修正、再实践，给自己的课堂和教育注入新的活力和色彩！

教师需要做什么

濮阳市实验小学　司培宁

北京五天之行，转瞬即逝。抱着满心的期待而来，每日端坐在教室前排，认真听、动手记、用心思，只为寻得京城"真经"，使自己在专业上得到成长。

当今，教师被赋予了更大的责任和使命，我们该以怎样的行动做一个时代的奋斗者，在平凡的岗位上有所建树，诸位授课专家带给我很多思考。

一、把握教材方向

教材是我们实施教学的基本依据，统编教材的编写理念是德育为先，能力为重，创新为上。如何更好地用好统编教材，聚焦课堂开展教学活动，是我们所关注的。唐富春老师对小学语文统编教材的编写宗旨、结构和特点进行了细致梳理，受训老师对如何利用统编教材全面提高学生语文素养有了更清晰的了解。

整套教材在社会主义核心价值观、革命传统教育、中华优秀传统文化教育、国家主权与国家安全教育、法制教育五个方面增加了课文比例，并创新呈现形式，或单篇教材，或主题单元，或插图、阅读链接等，每册教材之间又存在螺旋上升，互相映照补充。比如中华优秀传统文化教育：一、二年级出现《三字经》，三年级开始出现古文《司马光》，随着年级的升高古诗文数量逐渐增加；有些课文附载了中华优秀传统文化内容，如介绍世界文化遗产的，介绍我国古代文学、艺术等成就的，介绍民风民俗的；体现中华传统，在细节处渗透传统文化元素，如课文中的皮影戏、水墨画、戏剧等插图都彰显着浓浓的中国风。

教材在编写上特点鲜明：一是选文强调经典性和时代性，选文精美，注重多样，更加适应语文教学，贴近学生生活。二是创新教材编排体系，重视目标的层次性和发展性。关于复述、把握文章主要内容、表达方法、口语交际、写作等方面，由低段到高段呈现螺旋上升趋势。三是教材编写更加科学。四是采用双线按单元组织课程内容。五是尝试构建语文学科训练体系。针对这些新特点，我们在教材的使用过程中一定要从整体入手，关注文体，精心备课，突出立德树人，全面提升自身素养，实现与学生的共成长。

二、实施有效教学

学习是把未知变已知的过程，在组织课堂教学时，我们最擅长提问，认为问题有了答案，就算万事大吉了。可是，从"问题"指向"答案"的想的过程常常被忽略，或者为了赶课时一带而过，而这恰恰是学习真正发生的关键。

袁志勇老师告诉我们要实施有效教学必须把想的过程细致化，不仅要举例子、讲道理，更要给支持、做分级。

如何从问题到答案之间分层？袁志勇老师以作文教学中指导"如何想"为例，在第一层级"什么样算是我成功了"的基础上，通过增添、聚焦、拆分等方法把思维的过程展现出来，讲方法、有步骤地教给学生如何想，由未知到已知，随后，举一反三，应用到作文的教学指导中。掌握了思维的方法，顺着老师搭好的梯子，学生就能够写出好作文，并在从无到有的过程中，学会思考、总结，形成学习的能力。

作文是人情思的表达，纯文字的训练必须配合人的真情实感才能真正提升作文水平，袁老师有效教学的观点，为我们打开了一扇窗。他提醒我们在今后的教学中一定要重视学生学习的过程，多提能够启发学生思维的问题，给学生思考的时间和空间，避免形式化，避免追求表面的热闹。

学习的有效性与学生德智体美劳的全面成长及核心素养的落实息息相关，教育不能浮躁，学习能力的提高比知识技能的单纯输入要重要得多，关乎着国家创新型人才的培养和核心竞争力的提升。每想到此，便觉得教师肩上的责任又重了许多。

三、播下书香种子

"时教必有正业，退息必有居学。"小学语文教师最重要的责任就是教学生写好方块字，说好中国话，播下书香的种子，指引学生走上自我成长之路。

3—6岁是语言发展的关键期，家庭阅读是基础。6—12岁，整个小学阶段，学校和教师需要下大功夫去引导学生爱上阅读。我们学校就很注重阅读环境的打造，学校建设有宽敞明亮的阅览室和读书长廊，每个班级都设有窗台书吧和读书角，每年都会举办阅读风采大赛、书香少年评比等，学校的每位教师都是阅读的实践者和引领者，创造性地采取一些提升学生阅读兴趣的策略，给予学生阅读前的方法指导、阅读后的交流评赏等。

孙凤霞老师肯定了整本书阅读对于成长的价值，并结合教学经验引领我们思考为什么读、读什么、怎么读，她认为整本书阅读内容领域广阔，对学生的精神成长、未来的职业规划均能起到良好的促进作用。她认为常用的读书方法有四步：第一步是浏览，具体看书的前言、目录等信息，以此了解这本书的主要内容；第二步是利用跳读确定书中的精读和略读内容；第三步是精读重点部分，边读书边做笔记，深入理解重难点；第四步是回忆、巩固书中的内容。

结合统编教材的使用，我们还可以创新出更多方法促进学生阅读，但真正要做的，还是教师成为一个真正的阅读者，时时刻刻，读好书，好读书，让学生在潜移默化中受到影响；做一个文本研究者，认真研读文本，实现课内得法，课外迁移；做一个时代发展者，主动更新自身的知识结构，全面提升自身素养，做孩子的精神导师，和学生一起成长。

四、落实核心素养

教什么更有价值？付宜红老师在一个清爽的上午帮我解开了谜团。教育是育人的事业，要以人为本，一切以学生发展为中心，清楚明白"培养什么人、怎样培养人"，让学生学会求知、学会做事、学会共处、学会发展、学会改变。使"教书"和"育人"统一起来，在大学科教学中落实"人文底蕴、科学精神、学会学习、健康生活、责任担当、实践创新"的核心素养，但是具体到各个学科，也会有所不同，比如，语文学科素养便是语言、思维、审美、文化，英语学科素养便是语言知识、语言技能和学习策略。教学便是指向核心素养的培育。

核心素养是什么？付宜红老师从专业的角度为我们一一解析。我最大的收获是教师要站得高，才能看得远：不能局限于学科，而要立足于课程；不能局限于传授知识，而要提升学生的能力。付老师认为课程改革的基本落脚点就是培养人，培养具有核心素养的全面发展的人。朴实的语言，为我们指明了教育的方向。

付老师的讲座消除了我们内心的迷茫，深入浅出地传递着一个明确而有力的信号：教育要有家国情怀，要有人文关怀、人文积淀，要有前瞻眼光和理想色彩。跳出学科本位，以学生发展为主题，以统筹改革为主线，以课程改革为切入点，培养对学生终身有用的知识和能力，真正做到立德树人，为国家、为民族培养德才兼备的人才。

五、传承传统文化

如何培养学生的家国情怀？经典诵读不愧为一个好办法。不管是陈琴老师还是伏羲班的成功经验都在告诉我们，语文要两条腿走路，一读二背，再配合写作实践。在学生记忆力最好的年龄，采用合适的方式，坚持带学生吟诵经典，是落实语文素养、传承传统文化的必要方式。

北师大文学院张燕玲老师多年实践和引领经典诵读教学，对传承传统文化、学习国学经典有着一份特殊的情怀。张老师从我国历代文化名人的成长经历中寻找到一个共同点：他们早期都背诵大量经典，利用最好的记忆年龄进行大量的经典背诵，对学生的终身成长大有裨益。这些年，我一直坚持带领学生进行经典诵读，听了张老师的讲解，见识到国内比较成功的经典诵读案例，无疑坚定了我继续前行的信心。

征途漫漫，我已上路，未来，愿更多教育的"真"在我眼前铺展。

提升思想，发展思维

濮阳市实验小学　孙利革

为期五天的北师大研修，使我脑洞大开，对于教学，我有了更深的思考。

一、语文应该教会学生什么

陈延军老师在《基于学科本质的有效语文课堂教学》讲座中说小学语文并不小，事实确实如此。语文是什么呢？陈老师认为语文是工具性和人文性统一的课程，是学习语言文字运用的综合性、实践性课程，是教文育人的课程，是学习各门功课的基础。那么，对于语文学习，我们应该教会学生什么呢？

陈老师指出语文教学的四大支柱——字、词、句和读写。

首先，字和词是语文学习的基础，每课的字和词学生得会认会写。

其次，要注意语文知识性教学。古诗之所以流传千年，是因为有千古名句，还是因为用词的准确。教学古诗不仅仅要教会学生会读、会背写，找出千古名句，还要抓住关键词体悟情感。《送元二使安西》诗中的名句"劝君更尽一杯酒，西出阳关无故人"，抓住"更尽""无故人"体会依依惜别之情；《别董大》诗中的名句"莫愁前路无知己，天下谁人不识君"，抓住"莫愁""不识君"来体会作者对董大的劝慰和对友谊的珍惜。《触摸春天》中"这个小女孩，整天在花香中流连"，作者为什么没写"这个小女孩，整天在花丛中流连"呢？一个"花香"，一个"花丛"，让我们体会到了用词的准确性，"花香"是闻到的，更让我们体会到了这个盲姑娘神奇的灵性。还有在教学《威尼斯的小艇》的第二段时，要和学生一起品悟比喻修辞的运用，在品读中提高学生的习作能力。

再次，语文教学要渗透生活元素。比如教学《大禹治水》，在教学第一段时，我们可以设计如下教学：用自己的话说一说当时是一种怎样的景象。不是背课文，而是用上关键词说一说。这样的设计摒弃了学生讲故事时纯粹背课文的弊端，调动了学生平时的生活积累，学生在讲故事时，会加上自己的想象，不仅锻炼了学生的语言表达能力、语言组织能力，还发挥了学生的想象力。在教学本课第三段"曾经多次路过自己家门口。可是他认为治水要紧，一次也没有走进家门看一看"这句话时告诉学生，这是大禹治水"三过家门而不入"的故事，然后抛出问题：这个故事谁听过？谁来给大家讲一讲？调动学生平时的生活积累。再比如《手上的皮肤》一课，第一段紧紧围绕"有趣"展开叙述，教学完第一段，引领学生写一写我们的嘴巴，抓住嘴唇几种颜色的变化写出有趣，这也源于对生活的观察。只有在语文教学中将生活元素渗透其中，才能达到学习语言文字运用的综合性、实践性课程这一目标。

最后，语文教学要营造学会与人相处的教育氛围。比如作家萧红笔下的《火烧云》第一段："晚饭过后，火烧云上来了。霞光照得小孩子的脸红红的。……'您老人家必要高寿，您老是金胡子了。'"本段中"您老人家必要高寿，您老是金胡子了"，就是教会学生与人相处、与人交往要注意语言的表达。语文是一门工具性和人文性统一的课程，在这里能看到该目标的达成。

教育不是闹哄哄的此起彼伏的改革，而是静悄悄的守正创新的革命。它来不得半点虚华和浮躁，更来不得一丝颠倒和潦草。未来学习知识与获取答案相比，思辨和提问的能力将显得尤为重要。小学语文真不小！

二、朗读的重要性

以前总认为朗读就是会读。这次听了武琼老师的讲座《朗读是我们终身的阅读能力》，我才把朗读和会读区分开了。所谓朗读，就是用清晰响亮的声音把文章念出来。朗读是用声音表达、传递作品美的内涵，培养学生的朗读能力，是小学语文教学的一项重要任务。朗读是学生学习运用语言文字陶冶情操，感受语文魅力的重要途径，朗读对学生至关重要。

正如武琼老师所说，我同其他老师一样，把朗读放在了家里，朗读成了作业。学生会读，我就觉得过关了，今天才意识到大错特错了。朗读是学生认知的心理过程，从浅语中捕捉具象，在具象中感受意象，把意象生成画面，再由画面激发情感，运用声音表达传递出来。这其实就是课程标准中提出的"正确、流利、有感情地朗读课文"，课程标准规定了各个年段的朗读要求，年段朗读目标的层级性告诉我们朗读教学的关键点。在课堂教学中、备课时，我也常常关注这一目标要求，但是并没有真正落实到位。

武琼老师还指出，朗读的基本训练需要从读好字、词、句开始，也就是说在平时的语文教学过程中，通过字、词、句、段、篇的教学加强朗读训练，同时也要重视朗读基本功的训练。正确朗读主要是指语音的问题，这概括为"两要四不"。"两要"是指要用普通话，要发音清楚响亮。"四不"是指不要读错字、不去字、不添字、不"吃"字。不"吃"字，在平时的语文课堂中，很少关注，武琼老师给了我们有益的提醒和忠告。流利地读主要是指语流问题，要读得通顺流畅：词连读、句子连读，不破词、不破句，不打顿、不重复，还要快慢得当。通过武琼老师的示范朗读，我才发现学生读破词的现象特别严重。在以后的教学当中，我会有意识地关注学生读破词、读破句的现象。先提高自己的朗读水平，加强练习，然后有效地指导学生。有感情地朗读主要是指语感问题，那么怎样读出感情？要注意停顿、重音、语调的把握以及速度和节奏感。

读好字是朗读的第一难关，更是正确朗读的关键，读好字的总体要求是规范。读好词是朗读重要的基本功，只有读好字、读好词才能读好句子和文章。那么怎样读好句子呢？我们可以根据句子自身的特点和规律来读句子。作为小学老师的我们肩负着指导学生读好的重任。朗读指导，忽视不得！

三、习作指导的趣味性

乔亚孟老师的讲座《小学习作教学的学段目标与实践》让我们认识到了儿童语言发展的阶段和规律。儿童的语言发展分为五个阶段：声音发展阶段（初生至六个月），被动语言交际阶段（半岁至一岁），特殊语言交际阶段（一岁至两岁半），目标口语发展阶段（两岁半至六岁），口语交际发展成熟阶段（六岁至少年期结束）。小学阶段是学生口语发展成熟的阶段，根据小学阶段学生的特点，课程标准把习作划分为三个阶段：第一阶段是写话，第二、三阶段是习作。听乔老师一讲，才发现小学语文习作是有一定层级性的。

什么是写作？写作就是运用语言文字进行表达和交流的方式，是认识世界、认识自我、创造性表述的过程。小学写作教学的总目标是能具体明确文从字顺地表述自己的见闻、体验和想法，能根据需要运用常用的表达方式写作，发展书面语言运用能力。新形势下，统编教材的习作编排呈现出了新特色：读写并联一体化、能力培养序列化及单元专项指导具体化。在这种特色指导下，作文教学有轨可循。在有轨可循的道路上，老师还要注意创设有趣的情境，让学生在快乐中爱上习作。

在习作起步阶段，先给予学生趣味性的引领，让学生觉得习作并不难。另外，习作内容还要巧妙设计，注意内容的多样性，突出趣味性。比如三年级上册第一篇习作《猜猜他是谁》，习作要求是写几句话或一段话。怎样才能让课堂充满趣味又符合习作要求呢？乔老师举例讲道：她是一个女生，她的眼睛大大的，她扎一个高马尾，她是我班班长。这样的习作避免了一张嘴就知道是谁的尴尬，也避免了读完习作不知是谁的无奈。这就是教师的巧妙引导，让学生在习作的起步阶段就感受到了习作的乐趣，埋下了习作乐趣的种子。

四、关注核心素养迫在眉睫

有幸聆听了教育部基础教育课程教材发展中心付宜红老师的讲座《落实核心素养，深化课程改革》，我豁然开朗，明白了核心素养的真正含义。

什么是核心素养？那就是学生应具备的适应个人终身发展和社会发展需要的必备品格和关键能力。课文就是一个素材，是一个点，是一个平台，是一个载体。阿尔文·托夫勒指出，21世纪的文盲不是那些不会阅读或写作的人，而是那些不会学习、学过就忘以及重复学习的人。关注学生核心素养，迫在眉睫。

听着付老师的讲座，我在脑海中回忆着自己的课堂教学。我的课堂还是在重复着知识点的教学，却忽视了学生核心素养的发展，想想有些惭愧。付老师提到当下我国学生发展的核心素养包括人文底蕴、科学精神、学会学习、健康生活、责任担当、实践创新。这无疑为我们的教学划出了重点，指明了方向。听着这些前瞻的方向性理论的指导，大脑顿时兴奋无比。如果不是这次出来学习，有幸听到这宝贵的讲座，我还一直沉浸在自己的枯井里，坐井观天，扬扬得意呢！方向比努力更重要，否则一切努力都白费。教育需要人人关注，人人实践，只有这样才能培养出适应未来发展需要的人。

五、怎样实现有效教学目标

有幸听到袁志勇老师的讲座《作文有效教学》，边听边感到惭愧。教学11年了，我还真没想过学习的过程分几段。袁老师说学习的过程分三段：提出问题—分析问题—解决问题。最重要的是第二个阶段。在这个阶段，出现三类老师：爱举例子的老师、爱说道理的老师和给支持的老师。

为什么会感到惭愧？是因为袁老师在讲座中反复提到，有的老师常在课堂上问学生听懂了吗，没有学生敢说没听懂。反观自身，我也时常这样问我的学生。按袁老师对老师的分类，我是属于爱举例子的老师。袁老师通过"哪类动物吃肉，哪类动物吃草"这个例子告诉我们怎样才是给学生支持的老师。通常，我们在讲解这个知识点的时候会告诉学生更多的吃肉和吃草的动物，让学生识记，或者告诉学生什么是吃肉动物、什么是吃草动物。但是学生还是一知半解，因为学生并没有经过真正的思考，提问并不是思考的过程，而是思维的序幕。教学中需要例子，需要道理，但更重要的是思考的过程。教学的本质就是把未知变成已知。这个问题到底怎想?这就需要老师给支持,可以从眼睛、牙齿、脖子和脚指甲等方面来判断——牙齿尖的是吃肉动物,牙齿平的是吃草动物;脖子短的是吃肉动物,脖子长的是吃草动物;脚指甲长的是吃肉动物,脚指甲变成蹄子的是吃草动物……经过袁老师的讲解,我明白了吃肉动物和吃草动物的区别。忽然间领悟,有效教学其实就是教给学生思考的方法,而不是教给学生"死"知识。

袁老师总结学习语文的方法有三个:增加限制(添加)、缩小范围(聚焦)和分解矛盾(拆分)。有效教学的关键就是认清学习的分段,抓住学习的本质,还有研究到底怎么想。听了袁老师的报告,我深刻认识到了自身课堂教学的不足。观念的转变带来的一定是行为的改变,希望通过我的改变让有效教学在课堂扎根!

通过五天的学习,我的思想有了质的提升,思维有了更深发展。一个老师最高的修养莫过于终身学习,尤其是在这个大变革的时代里,与时俱进,是新时代教师必备的职业素养。学习,永远在路上。

第三章

引领智慧的成长

最美的年华遇见最美的你

濮阳市实验小学　司培宁

2018年7月,濮阳市实验小学一行12人来到新乡市长垣第一初级中学,主楼前学校的宣言"培养未来社会的领军人物"让人一惊,何其霸气、有力。这里会聚有名声显赫的名师团、有全国各地的追梦者、有《教育时报》的红衣少年……在这个火热的夏季,大家以成长的名义相聚,注定轰轰烈烈、终生难忘。

一、遇见武凤霞

武凤霞老师曾执教于濮阳市实验小学,是我们的前辈,是中原大地飞向全国的一只金凤凰,全国著名特级教师,仰慕已久,却是第一次谋面。

见面会上,她一袭黑长裙,普通马尾辫,白皙的皮肤,果敢坚毅的眼神,跟我想象中的一样,美丽、优雅,像是遇见了久别重逢的家人,没有任何生疏感。听她沉静、动情地讲述离开河南之后这八年,自己在不解、排斥、质疑、畏难等困境中一次次突围,两年名师教学实践,五年把南湖小学带出了新模样,一年寻找到东林小学发展的新方向。草草几句,却有着道不尽的艰辛,让我几度潸然泪下,武老师本人就是一本读不完的成长手册。

在四天的时间里,武凤霞老师上了四节完整的课,分别是绘本教学《石头汤》、古诗词教学《渔歌子》、童话教学《狼和鹿》、小小说教学《爱之链》,每一节课既是对传统认知、思维的挑战,也是纵向引领和横向拓展的统一。

武老师认为，只有深度思维，才能让学习真正发生。她总会以一个高阶问题为引领，抓住一切机会去追问，层层推进，重点突出，条理清晰，其间穿插词语的积累、理解和运用。同时，引导学生把话说完整，进行思维和语言的统合。

武老师的课堂融有深度的拓展思维。就像她所倡导的，一节课过后，总要给学生留下点什么，她一直本着尊重生命、追寻生命的生存意义，在潜移默化中，给予学生人文关怀和人生观、价值观的引导。比如，在《狼和鹿》中，武老师设置这样一个高阶问题："狼、凯巴伯森林、鹿在一百年前和1942年发生了怎样的变化？"围绕这个变化，训练学生提取有效信息、朗读、理解文章主要内容的能力，通过对比，知道狼是功臣，鹿是祸首。继续追问，更深层次的祸首是人，一个荒唐的"消灭狼、保护鹿"的政策的提出，竟然源于一则童话，随后插入电影片段，探寻老牧人的智慧所在，"自然界中，只有存在大命，才能养育小命"。最后启迪学生要尊重身边的每一个人。两节课，连贯自然，起承转合间毫无突兀，课后，留下的是深深的思考。再如，在《爱之链》这篇小小说的教学中，武老师围绕小说的三要素——人物、情节、环境设置高阶问题："乔伊、老妇人、女店主三个主人公为什么没有同时出现过"，随着不断地追问，一个个盘根错节的小细节浮出水面，再通过指导学生朗读、积累、理解、运用词句，揭示出"爱的传递形式有很多种，只要有心，都可以传递"这一情感主题。课堂最后以两处环境描写落笔，拓展小练笔，让学生选择合适的景物，以"乔伊醒来，他看到……"为头，写一段环境描写，体现"一切都会好起来的"这个主题。选景物，也可以开拓思维，太阳、干净的地面、燃得正旺的火苗、梅花、小鸟……一切充满着希望和朝气的景物都可以被选用，心有所物，这就是课堂的人文价值。

课堂上，武老师教学方法多样，情趣盎然，在文本和现实中自由游走，学生的积极性和求知欲逐渐被激发出来，发言也越来越充满思维的张力。

武老师的课堂是活泼的、认真的。就像她的性格，活泼、感性又沉稳、知性。每一次上课之初，武老师总会抓住不同的小问题，选择用不同的言语把学生吸引到课堂上，比如，《石头汤》课前，武老师问那些暑假被喊来上课的学生："你们在假期被喊来上课是不是很伤心？"有学生摇头。武老师便笑着说："不伤心那是在说谎吧。"随后，武老师设身处地帮助学生化解心中的排斥感。再比如，《渔歌子》课堂上，武老师讲到重点处便会认真地环视班级，激励学生："聪明的学生，眼睛都是放光的。""老师相信你们写得比说得还要好！"武老师眼里装满了学生，总能全身心投入课堂，时常像个孩子一样大笑。当面对有学习问题的学生时，她也会板起面孔，严格要求，严肃对待，绝不含糊。来上课的学生中有个男孩，特别爱表现，第一天，他看见我们练班歌，直接把话筒要了过去，自己眯着眼睛唱起歌来，陶醉过后，还向大家喊："掌声在哪里？"引得一阵哄堂大笑。对于这个学生，武老师上了两次课后，发现他回答问题总是不求甚解，不够踏实，有些浮躁，这样下去，课堂上的收获就会大打折扣。于是在《爱之链》课堂之初就严肃地指出了他的问题，并要求他认真对待课堂，认真思考，用精彩回答来赢得大家的掌声。在那节课上，这个学生的小动作明显减少，回答问题时语言表达越来越顺畅且富有深度了。公开课上，热闹、皆大欢喜也好，而武老师一定要把真正的课堂展示出来。关注一切学生不是空谈，惩罚和鼓励也不再是单纯的文字表述，而变成富有艺术感的行动指南。好的教育在课堂，武老师的课堂，让我们看到了好的教育和有情怀的教育人。

二、遇见名师团

成长学院会聚了余映潮、黄厚江、王彩琴、吴正宪、张齐华、武凤霞、韩兴娥等 12 名全国知名专家组成的导师团，在见面会和公共课上，我坐在穿各色班服的"新同学"中间，静静聆听导师团分享他们的成长智慧。

余映潮老师认为，唯有积累丰富，你的学问背景才丰厚；唯有积累丰富，你的教学资料才完备；唯有积累丰富，你的教学技艺才能逐步提升。他认为，优秀的教师一定是有事业心的，珍惜时间的，重视教学能力的，关注学问背景的，致力于积累与提炼的。

黄厚江老师认为，教师的成长、魅力都要从好好积累每一节课开始。教师要热爱课堂、敬畏课堂，在课堂上安放灵魂，在课堂上找到感觉，在课堂上找到幸福。什么是好老师？上一辈子课，还想上课；听过很多的课，学生还是想听你上课。

武凤霞老师眼中的成长方程式就是以成长为目的，她认为每位老师都要构建出属于自己的方程式，不能在一个领域做出成绩的人，绝大多数不是没有能力，而是没有足够的需求力，她的成长方程式就是：成长 = 需求力 + 耐挫力 + 学习力 + 研究力。

韩兴娥老师以一学期一百万字的阅读速度，打开了学生的视野、丰富了学生的思想厚度。韩老师说，我不是出色的老师，但我敢自豪地说我的每个学生都是出色的。她用将近20年的时间，坚守着教育的初心，陪伴一届又一届的学生在海量阅读中收获成长的喜悦，得到一方百姓的认可和支持。

王彩琴老师说，我一生只为"河南"和"师范"，无论您从哪儿来，只要您为河南的基础教育做一份贡献，您就是我这一辈子的恩人。她认为教师之间的互助协同、教学反思、同课异构、行动研究、体验式学习以及案例分析和观课议课都将构成促使教师学习的内在力。

吴正宪老师认为，要做好教师，不仅要有教育情怀，把对学生的爱倾注在每一节课中，还要让学生体会到数学的理性美，教给学生如何用一双数学的眼睛去观察和用一个数学的头脑去思考。什么是小学数学教育？要心中装着学生，用专业的魅力引领学生，用智慧启迪智慧，用人格塑造人格，用生命影响生命，用温暖的心做温暖的教育。

张齐华老师认为凡有所学，皆成性格。数学的最大意义在于应用，要将数学最实用的功能迁移、运用到鲜活的生活场景当中，让学生真正学会使用数学。成长同样如此，要学会透过现象看本质，在困顿中学会寻找光明，用智慧点亮前行的方向。

陈宇老师说，发生在学生身上的任何微小的事情，都能折射出一个学生的思维方式和价值体系，任何小问题都可以做出大文章。优秀的班主任善于运用教育智慧，影响学生的思想，改变学生的思维方式，从小问题入手逐渐建构起自己的系统思考。

申宣成老师说，好课就是一把尺子、一面镜子、一项规则，一把尺子确立好标准，一面镜子获得好课证据，一项规则引领思维程序。做好课堂研究，需要思考怎样的课是最棒的，要不断提炼、总结好课的要素，从模式走向标准。

三、遇见"霞粉班"

这是一个跨时最短的班级，却以一种超强的凝聚力完成了很多重要的事情，大家之间结成了深厚的友谊。这个班级里有从首届最具成长力教师成长为中原名师的刘娟娟班长，有"网红"特岗教师任明杰，有"2017年马云乡村教师奖"获得者时想，有第九届最具成长力教师张伟伟、王利环等。

张丽华老师，我的老前辈，我的新同学，导师武凤霞的老同事。在这个班级，张丽华老师以其特有的专业素养和人格魅力挑起了班歌训排和指挥的大梁，其余老师一呼百应，张老师指导有方，让凤霞班《我和成长有个约定》在成长之夜优雅绽放，现场惊呼声、赞誉声不断。我知道，这只是张老师十分之一能量的展现，对成长的渴求，对生活的态度，为人的谦逊平和……满身的宝。

我们的文艺委员梁娜茹，孟津县平乐镇中心小学教师、教导处主任，性格内敛谦虚。未见之前，她开始为班歌、班训、班诗忙碌，听声音，我以为她是个工作不久的年轻老师；见面后才知道，这个个头不高、看上去像个小姑娘的梁老师，儿子已经上高中，身上那种认真、执着的劲儿，让人敬重。第二天，我去自习室写有关教师成长力海选面试的稿子，看到她在忙着整理白天的学习收获，制作朗诵的课件。那晚，我们很晚才走出自习室，她一直念叨着第二天的班歌队形、会场的音乐、为公众号推荐的文章和图片……多么认真细致的梁老师。

任明杰和时想，两位年纪轻轻练就一身本领、带一身光环的帅小伙。我们都知道时代造就了"网红"特岗教师任明杰，却不知道这个把生活过成诗的"任过过"，是被老妈逼回乡当老师的好儿子，是一个习惯微笑、习惯积累、习惯写作的文艺青年，是一个熬夜两个晚上义务为班级赶制课件的热心人。通过时想，我才第一次听说"马云乡村教师奖"。他瘦瘦的模样，甜甜的笑容，身上好像有用不完的能量，直到五天后，还在收集大家的邮箱号，为大家转发导师的课件。

说霞粉班"藏龙卧虎""高手在民间"，这话一点都不为过。他们为人低调，却是真正的"文化人""读书人"，常年保持着读书写作的好习惯，很多老师已经有图书出版。

和其他老师相比，我越发觉得自己的渺小和积累的不足，我将以他们为标杆和榜样来督促和激励自己沉下心来做教育、做学问。

这个盛夏，一场场美丽的遇见，注定难忘，从遇见的这些人身上，我寻找到了自己努力的方向。守住课堂的根，坚持阅读和写作，做一个有觉悟、有学习力的好教师，做一个有慧眼、勇坚持的研究型教师，努力长成自己最美的模样。

赴一场成长之约

濮阳市实验小学　宋彦菊

> 学习没有假期，
> 成长没有终点，
> 在如火的七月，
> 赴一场成长之约，
> 为焦渴的教育之心，
> 重新注入生命的活力。
>
> ——题记

2018年7月21—25日，我和来自全国各地的800名怀揣教育梦想的学员一起，齐聚长垣第一初级中学，度过了难忘的为期五天的成长之旅。

签名报到，领取资料，入住学生宿舍。跟舍友聊天，得知其是来自驻马店第二实验小学的晁艳玲老师，9年前她已是副高级教师，却连续三年来到教师成长学院学习，且全是自费。到底是怎样的魔力，吸引着她自觉自愿自掏腰包来学习呢？

一、第一天——解谜

带着疑惑，上午7：50，我踏入了学术报告厅。800名学员，10个班级，10个颜色的班服，把报告厅点缀成了一道亮丽的风景线。8：00，开班典礼上，河南教育时报社总编辑、河南教师成长学院院长刘肖，如数家珍般把去年成长学院有故事的老师一一道来。可是，你一定想不到，这些老师今年又坐在了台下，他们中有中原名师、河南最美教师，有从遥远的黑龙江、海南远道而来的，还有带着保姆和几个月孩子来的。接下来，中原名师、首届河南最具影响力教师、映潮班班长周枫琳代表10位班长发言，她深情告白教师成长学院："我们来了，就不想走；我们走了，还想来！"教师成长学院到底是一个怎样的能量场在吸引着大家？我迫切地想知道答案。

开班典礼结束后，10位导师20分钟开班演讲。这一场饕餮盛宴，让我茅塞顿开，找到了答案。原来，河南教师成长学院第三期，会集了全国顶级的导师阵容——余映潮、黄厚江、张齐华、吴正宪、武凤霞、韩兴娥、王彩琴、周苏敏、丁桃红、陈宇、陈大伟、申宣成，这些导师都是全国数一数二的名师和教育专家。

余映潮导师是中学语文教师，尽管没听过余老师的课，但余老师的大名却如雷贯耳。短短20分钟，余老师给我们分享的经验很丰富：唯有积累丰富，你的学问背景才丰厚；唯有积累丰富，你的教学资料才完备；唯有积累丰富，你的教学技艺才能逐步提升。对学生而言，教师的"训练"加"积累"是课堂教学的灵魂；"积累"对教师教学而言，能增加教学的厚度、密度和美度，让学生有更加丰美的收获。余老师还把自己总结的"积累八法"奉献了出来：订阅杂志、资料摘抄、大量写作、火花随记、课文赏析、专题研究、课例创造、顺势积累。这些方法有的我在用，有的却是我第一次听到。看来要让积累效果达到最大化，需要多种方式，长期坚持。

"把我们的心安安静静、妥妥帖帖地放在课堂上。"黄厚江老师没有课件，就那么娓娓道来。课堂是教师工作的主阵地，老师要热爱课堂、敬畏课堂，在课堂上安放灵魂，在课堂上找到幸福。每学期积累三四篇好课文，打造三四堂好课，一年一年积累下来，积累的好课就会越来越多，就能渐渐形成自己的风格，展示出自己独特的魅力。

尽管多年前名气早已蜚声全国，尽管身边很多优秀老师不是入京就是南飞，但依然坚守在家乡讲台上的韩兴娥老师，是我多年来崇拜的教育同行。她说自己是一个"笨老师"，可就是这样的"笨老师"通过海量阅读，把她的每一个学生都培养成了出色的学生。可惜这次学校把我分到了课题班，不让蹭课，韩老师明明就在身边，却不能成为她的学员，实在太遗憾。

10位导师短短20分钟的演讲，惊艳了全场，接下来四天半的课，更值得期待。导师将做有体系的主题报告，导师和学员一起同课异构、评课议课、分组交流，还有河南最具成长力教师演讲，河南最具智慧力班主任答辩。

37摄氏度的高温炙烤着大地，下午分班上课的教室里尽管开着空调，依然热气滚滚，导师的后背全被汗水浸湿，学员们也一个个汗水直流，却没有一人离场。因为我们是以成长的名义相聚!

二、第二天——感谢

首先，感谢长垣第一初级中学的领导，连夜为上课教室加装了空调，让我们在舒适的环境里静心听课。其次，感谢我们课题班的第一位导师，省教研室申宣成博士用一天半时间，手把手教学员怎样写课题的立项申报书，立项后如何进行课题研究、如何撰写研究报告。

申博士每半天的课都分为上下两个阶段，第一阶段，学员进行案例分析，讨论交流，导师点评；第二阶段，导师结合案例具体讲解课题知识。申博士首先以已发表的一个课题——"小学语文中高年级语文学科熟词免抄的实验报告"为案例告诉大家写课题立项书的12字要诀：真问题、切口小、有意义、可操作。然后，再以学员提交的课题为案例，请各组使用"六顶思考帽"的思考方法，按照12字要诀进行分组讨论。为了达到最佳效果，申博士先让每个小组选出组织者（组长）、计时员、噪声控制员和汇报员，然后开始小组合作学习。小组合作学习的过程很有层次性，每位学员在阅读案例后先用一句话或一两个关键词概括总体印象，然后再分别谈该课题的优点和缺点，说出优缺点的同时必须说出论据来，最后根据缺点给出建议。这一过程中计时员要提醒每一个环节的时间，噪声控制员要随时提醒成员不能声音过大，否则会影响其他小组的学习，汇报员全程记录，然后加以整理，准备发言。这是真正的"实战演练"。因为小组成员人人参与，各组汇报员的汇报也都精彩纷呈，学员们很快打破了最初的拘谨，有问题及时提出，申博士都给予详尽耐心的解答。同时，申博士对各小组的汇报及案例也进行了简要评析。申博士强调，课题研究一定要有问题意识，研究目标与研究内容要聚焦研究的问题，不能跑偏。同时表述不能太宽泛，也不能避实就虚。

申博士的课，让学员们在"下水游泳"中学会了分析课题的优劣，更懂得了怎样撰写课题。申博士用实用的科研理论及鲜活的课例评析，让课堂一次次迸发起思维的火花。一天半的培训学习，驱散了我对课题研究的畏惧感，为我做课题指明了方向。

感谢申宣成博士让我们在案例分析中成长，更要感谢教师成长学院搭建的这一平台！

三、第三天——改变

学习进入第三天，骄阳依然似火，学员们的学习热情也依然似火。大家早早来到教室，先学习唱班歌，上午8：00准时上课，11：50下课，下午2：30准时上课，5：50下课，晚上7：00观摩第七届最具智慧力班主任现场答辩，10：00结束，回宿舍洗漱，然后回顾一天的学习并进行小结。有规律的学生生活，让我再一次放空心灵，重新吸纳。

课程进入第三天，成都大学师范学院的陈大伟教授分别以"在研究中创新幸福生活"和"教师的思维改善与专业成长"为题，结合丰富的案例，用风趣幽默的语言为学员们阐述了教师研究的意义和方法。总结一天的课程，我认为教师做研究要从改变思维方式开始。

有人说，问题即课题。教师做课题，首先要抓住教育教学过程中产生的问题，然后展开研究，进而找到解决问题的途径或方法。但绝大多数老师却找不到问题，也就不知道什么问题才值得研究和怎样研究，这是因为我们的思维局限在了一个方向。比如，在大班额教学中，学生的听课状态往往不佳，总有一部分学生游离于课堂之外，对于老师的讲解常常左耳朵进、右耳朵出，甚至根本就没有进入耳朵。面对学生写不出自己刚讲过的习题时，老师总是习惯这样说：怎么把老师的话当成耳旁风？显然，老师是在寻找最适合自己的学生，在老师心目中，所有的学生都应该把自己讲的所有内容一字不落地全部吸收。这显然是不可能的。如果我们换一种思维方式，站在学生的角度思考：学生为什么会把我讲的课当耳旁风？我用什么方式讲学生才愿意听？此时，教师就把困难当成了研究对象。站在这样的角度思考，问题就能变成研究的课题。同一个现象，改变一下思维方式，不但能改变我们的心情，还找到了研究的课题。这就是研究的思维方式。

教育教学过程中总会出现这样或那样的问题，当我们换一种思维方式，思考产生问题的原因是什么，并乐意去解决问题的时候，我们的研究就开始了。

研究，从改变思维方式开始。

四、第四天——反思

普通老师与研究者的差别在于是否有强烈的反思意识。这是学习第四天听课后最强烈的感受。

我们课题班的导师陈大伟教授以《坐井观天》这样一篇普通的小文为例，告知我们教师专业成长中需要几只"小鸟"。

坐在井底的青蛙认为"天不过井口那么大"，这是它的认识，显然这个认识是错误的。青蛙面对自己错误的认识，如果不是遇到小鸟，如果不跳出来亲自看看，恐怕永远不知道自己是错的。这就是说，我们教育教学中积累的经验是重要的，但未经反思的经验可能是肤浅、狭隘和错误的。有的老师教了几十年的课，却没有入职几年的老师教得好，不是因为他没有经验，而是缺乏对自己教学行为的反思，因此，总是停留在原处，无法实现专业的成长。反思的目的在于审视和批判经验，使经验变得合理而有效。

青蛙要改变"天不过井口那么大"这一错误的认识，从井里跳出来亲自观察是一种有效的途径。问题是，青蛙何以想到跳出井口？在这里，小鸟就成了推动者，是小鸟的"大得很哪"的说法，引起青蛙对原有认识的怀疑。

由此我们看反思的条件，需要的是"小鸟"为我们提供不同认识的刺激。那么，什么是这些所谓的"小鸟"呢？首先，书籍是给我们提供反思的"小鸟"，在阅读的过程中，我们学到了很多理论，这些理论促进我们反思自己的教学行为。其次，身边的同事是给我们提供反思的"小鸟"，同事间的交流或对自己工作中的建议促使我们去反思自己。再次，学生的行为和表现也可以是给我们提供反思的"小鸟"，学生面对我们的教学会有各种不同的表现，尽管学生没有说什么，但善于反思的老师能从中发现自己的问题并及时修正。最后，自我的批判意识带来的不同发现也是给我们提供反思的"小鸟"，要改造我们的经验，就需要打开思路，善用促使自己反思的"小鸟"。

面对"小鸟"的提醒，如果"青蛙"坚持自己不错，不跳出自己的"井"，也就难以对原有经验保持审视和批判的态度。要反思，就需要想一想自己的认识会不会错。在这一过程中，要借助"小鸟"时常提醒自己，才能不断反思，从而改进和探索。

五、第五天——远方

每天的努力，都是为了成就远方的自己。

第五天的课是 10 个班在学术报告厅同上的大课。上午第一节，中原名师周枫琳老师主要讲了自己做课题的过程。周老师是正高级教师，全省第一届十佳班主任，而这两个称号的获得都是由课题研究带来的，因此，周老师说，课题研究成就远方的自己。

下午，濮阳市第三中学王彩琴老师登台授课。王老师是河南省 2017 年度最美教师，这一称号绝对名副其实。王老师心系讲台，心系学生。那年，王老师四个月内做了两次大手术，术后 28 天她就登上了讲台，她说："我生为教育，死为讲台。"身体恢复后，王老师继续担任班主任，因为班里不少学生来自农村，在学校住宿，他们的生日可能没人记得，但王老师记得。每一个学生在生日那天都会收到王老师送的生日鸡蛋，由开始的普通鸡蛋，到后来的画着笑脸的鸡蛋，再到后来王老师为学生制作的蛋挞。几十年来几千枚生日鸡蛋，见证着她对学生的爱。王老师家里有一张床是专为学生铺的，哪个学生生病了，王老师就把学生带回家居住，方便照顾。王老师的包里随时带有针线包、创可贴，学生的衣服掉扣子了、撕裂了，只需要放在王老师办公桌上，什么都不用说，王老师就会送还学生一件缝补好的衣服。周末，她走上街头做志愿者，走进敬老院，走进福利院，走进留守儿童家中。王老师就是这样，心系教育，心系学生，她就是最美教师！

再想想我们身边的老师，哪一位不是在用自己今天的努力成就着远方的自己？也许他们的努力并不渴望得到什么，但努力之后，远方的成功却已经在招手了。

六、尾声——再见

为期五天的集中学习研修、交流碰撞，紧张而充实，深刻而丰盈。道别在即，河南教师成长学院毕业晚会暨颁奖典礼准时举行，各班学员载歌载舞庆祝自己的成长。晚会上，还表彰了10位第九届河南最具成长力教师，10位第七届河南最具智慧力班主任。分享着他们的幸福时刻，也感动着他们的感言：

优秀在于习惯，成长在于主动。

为梦想奔跑，44岁，既不慢，也不晚！

成长，唤醒生命的自觉，遇到最好的自己。

成长是向下扎根，积蓄力量，是向上拔节，追逐梦想。

五天的时间转瞬即逝，五天的学习，我和大家一起，宿舍—教室—餐厅三点一线，生活如此简单，大脑却在高速运转，听课吸收，分析总结，书写反思，简单的生活带来的是收获满满。尽管已近知天命之年，但成长不分年龄，只要心中有梦，成长的脚步就不会停止。

跟着陈宇导师学管班

濮阳市实验小学　尚淑丽

这是一个骄阳似火的七月，也是一个充满热情的七月，带着对学习的渴望，我走进了河南教师成长学院，在这里认识了班主任陈宇，开启了为期5天的"魔鬼式"培训。白天6个小时的听课学习，晚上是主题活动。能够近距离和这些教育专家学习，真的是一种幸运。

一、初识导师陈宇

有幸参加教师成长学院，非常激动。因为成长学院请来的都是教育界的一些专家，能成为他们的学生，是非常难得的。陈宇老师是我们班的导师，我带着好奇迫不及待地打开网络，百度搜索后出现导师的信息："陈宇老师，全国著名班主任，任教于著名教育家陶行知担任过校长的南京市第六中学，中学化学高级教师。中国班主任专业化发展第一人，国内知名的'个性班主任'和'问题学生'教育专家。"我还搜到了他的博客，博客里的一篇篇班级管理方面的文章吸引着我，可以看出这是一位很有思想、很专业的班主任。

成长学院提前寄来陈宇导师的一本书——《学生可以这样教育》，要求我们提前阅读，并写出读书感受。整本书涵盖了陈宇老师的治班理念和方法，我读完对陈宇导师有了进一步的了解。

二、跟着导师陈宇学

导师高屋建瓴的前沿理念，丰富的治班经验，幽默风趣的授课语言，给我们带来思想的洗礼，让我们收获满满。忙碌中，每天我都通过日记的形式记录着自己的点滴收获。

1. 科学规划班级管理

在成长学院学习的第一天，陈宇导师送给我们的第一道"大餐"是"班级管理方法论"。他说，我们教的学生都是普通人，我们要做的就是让普通人变得更卓越。怎样才能让普通的学生变卓越呢？班主任必须学会思考。首先要思考的就是如何科学地规划工作。班级的三年发展战略规划要有，也就是说，作为班主任，在接手新班的时候，心中应该有一个明晰的方向：你将会把这个班级带到怎样的高度？不由得想起我带的2010级那班学生，这个班是我从一年级带到五年级的，很值得骄傲，班风正，语文成绩五连冠。这优异的成绩背后得益于良好的阅读习惯的培养。记得当时接班前，我就定好目标，从一年级开始就抓阅读，让每一个学生成为爱读书的孩子。有了目标，我开始绘制五年阅读蓝图：一年级阅读绘本，二年级阅读成语故事，三年级阅读《增广贤文》、童话故事，四、五年级阅读名著，形成了自己的一套阅读指导体系。的确，心中有了规划，有了奋斗的目标，就像是在航海中有了方向。

陈宇导师还说，仅仅有三年的发展战略规划是不够的，还需要有在调研班情、学情的基础上制订每学期的具体工作计划，如班级奋斗目标、班级管理措施、本学期要开展的教育主题活动、文化建设以及班级愿景。不仅要有计划，还要有具体的实施方案。

关于学期工作计划，以前我们都是按照学校的安排逐项进行。陈宇导师谈到制订学期工作计划的重要性，我深受启发。于是我根据本学期各时间段工作重心，制订了周密的学期活动计划。比如：成果展示、习惯培养和常规管理，主题教育、班本课程和班级活动等。

"凡事预则立，不预则废。"对于一个班级的管理，班主任要做到心中有战略性的规划，善于思考，站在学生的发展角度去想问题，才能让自己的班级不普通。

2. 精细化的班级管理

说到班级管理中人人有事做，每个班主任都能做到，但是不一定都能把管理做到精致，达到事事能做好。每学期新接班后，我都会在班里先明确任务，人人都有负责的岗位，但是慢慢地发现有些学生开始脱岗，给班主任带来很多管理上的麻烦，原因在哪里？从陈宇导师的科学管班中我找到了答案，主要是班级管理缺少精细化。如何做到精细化管理，这里还有不少的学问呢。

（1）岗位职责要细化

一个人一个岗位，每一个岗位的职责具体是什么，要一项一项罗列出来进行说明，制订岗位职责说明书，让岗位负责人清楚明白。

（2）岗位培训要落实

职责说明书有了，要想让每一个岗位职责能够落实到位，教师要一级一级进行岗前培训，解读职责，示范点评。不仅培训做事，更要培养责任心；不仅培训技术，更要培养创新意识。正如陈宇导师说，培训也是教育。

如："讲台保洁"岗位职责

讲台，是教师授课活动的主要区域，是体现班级管理质量的示范窗口。讲台的保洁和整理非常重要。请负责同学务必做到：

①每节课后都需要整理讲台，整理工作必须在下一节上课前完成。

②整理时，台面用半湿的抹布擦拭干净。

③台面物品整齐摆放。右侧依次是纸巾盒、黑板擦盒、粉笔头回收盒、粉笔盒。白色、彩色粉笔分开放，方便教师取用。

④及时清理讲台上的作业本、试卷、讲义、教具或其他物品，不得长期堆放，影响教师上课。

⑤保洁中发现物品损坏、缺失等问题，请立即解决。如果自己不能解决，请及时联系劳动委员、生活委员或班主任。

听着陈宇导师对班级管理岗位职责的分享，不禁让人赞叹，原来班级管理的精致是这样做到的。让我惊叹的还有陈宇导师细化的班级干部"职务说明书"、学生请假流程、交作业流程，每一个流程都通过思维导图的形式展示出来。通过精细化管理，陈宇导师培养了一群有责任心的学生和管理小干部。

（3）岗位检查要到位

评价一个岗位，光有职责，没有督促和检查是不行的。检查可以提高重视程度，提升工作质量，在检查中发现管理问题，提供教育素材。岗位检查也要进行细化培训，通过自评、组评、全班评、师评的方法，评出有责任心的岗位人，颁发证书。

当一个班主任把管理做到如此精细时，班级怎会不优秀呢？

3. 课程化的主题班会

说起主题班会课，班主任并不陌生。但是我们的班会课大多是方式简单，空洞说教，不走心。而陈宇导师却把班会课开发成一个个不同类别的课程，如解决问题类、养成教育类、改善关系类、文化建设类。他充分利用各种资源，通过小型辩论、调查、视频、音频、图片等创设教育情境，在情境中育人，让教育在润物细无声中发生。这一个个精彩的课程，主角是学生，而老师只是引领者、点拨者。正如陈宇导师所说：我们要相信学生，全面依靠学生，开拓学生思维，学生是其中的亲历者，不是看客，更不是配合表演的道具，学生自己调查，获取数据或案例，写下自己的感受或故事，与同学分享。主题班会课是更多的思想碰撞。

要想上好一节主题班会课，需要班主任善于捕捉教育中的问题，对于班会的规划、选题、形式都需要认真思考。

一节成功的主题班会课一定是这样的：师生共同生成、相互促进，对下次充满期待，并拥有了走向未来的力量和勇气，像阳光融化冰雪，像雨露润泽种子，触动心灵，发展思维。

4. 人性化的班级管理

（1）"一个都不能少"

打开在成长学院学习时摘抄的笔记，一个案例"38人的狂欢与8人的落寞"再次让我想起——

学业水平测试前，某高中教师向全班同学承诺：所有在本学科测试中得到 A 的同学，都将获得教师亲手绘制的"骏马图"扇面一幅。结果，全班 46 人有 38 人在测试中得到了 A，这 38 人都获得了奖励。班主任将学生得奖后欢呼的画面发到了朋友圈。但是有细心的朋友却发现，画面上没有得到奖励的学生在哭泣。38人的狂欢和8人的落寞形成了鲜明的对比。

在这个案例中，教师原本想以这种方式激励学生考出好成绩。但是在制订规则时，教师没有考虑到得不到奖励的同学的心情，教师在不经意间伤害了少数学生。

这是陈宇导师"以人为本"管理理念中的案例。他说，班级是由全体学生组成的班级，班级管理要对每一个学生负责，试图促进所有学生的发展——"一个都不能少"。更不能在发展一部分人的同时，使另一部分人的利益受损。

"38人的狂欢与8人的落寞"给我们以警示。我不禁反思自己的做法，期末评优，特别是寒假的期末考试，因为要过年了，为了让学生高兴高兴，我们会根据学生的成绩评出许多三好学生和优秀少先队员，但是总会剩下一些极少数的成绩特别差的学生，或是纪律不好的学生，什么奖状都得不到。现在想想，应该考虑到这些学生的感受，可以拿出放大镜找他们的闪光点，给他们颁发一些特殊奖项，也让他们领到奖状，不至于那么失望、落寞。看来以后在班级管理中，要关注每一个学生的成长，对全体学生负责。

所以，作为教师，要以全体学生为中心，要学会理解每一个学生，要顾及每一个学生行为背后的内在诉求。

（2）从不好管理的班级到成为优秀班级的通道

不好管理的班级，老师们都不喜欢接，成为这样的班级是有原因的，如学生学习习惯不好、家庭环境不好……这样的班级抓起来的确很费劲，而陈宇导师却有自己的高招，案例"一个差乱班的蜕变"给我们很多启发。

污秽不堪的地面，脏乱不已的水池，躺在地上睡觉的学生，哪一件事都让人烦心，避之不及。面对这样的班级，陈宇导师从情感入手，一步一步走进学生的心里。一句"有你们在我身边真好"让人唏嘘，一个"边念信边流泪"的故事让人动容，一张"齐心协力翻越毕业墙"的照片让人惊叹……就是这样的班级，学生变了，一个名班主任诞生了！因为他不怕麻烦，每天和家长沟通半个小时以上，每天和几个学生谈心，用心为学生写信……所有的优秀来自付出，所有的成绩来自付出！

陈宇导师用真情、智慧、汗水换来了一个脱胎换骨、充满正能量的班级。

5. 多元化评价激励学生

对学生的评价，传统的方式有"医生式"的评价，只关注缺点；"成败论英雄"的评价，只关注结果；"一叶障目"的评价，只关注成绩。陈宇导师说："当我们的评价只剩下年级状元和班级总分状元的时候，还剩下什么可以激励学生？"是啊，当评价只与成绩挂钩的时候，学生就成了考试的机器，没有了情感。而且这种评价针对的是少数人，因为得状元的人寥寥无几。所以评价必须从单一走向多元。我不禁想到我们班级群星闪烁的评价，根据学生的表现评出阅读之星、书法之星、劳动之星、环保之星、勤奋之星……让班级每一个学生都是一颗闪亮的星。再比如我们学校每学期的吉尼斯大赛，评出各类吉尼斯大赛冠军选手，速算、投篮、玩转魔方、成语积累……像这样的评价，关乎学生的发展，是很有意义的评价。

陈宇导师介绍的"星期班级之星""月月风云人物""学期感动班级人物""学年年度风云人物"，这一发展性评价方式是值得借鉴的，它不仅体现了学生的发展，让学生知道了努力的方向，更有效地激励了学生。

6. 打造班级文化品牌

班级风尚对学生行为产生巨大影响，班级文化品牌是班级文化的魅力所在。一个卓越的班主任，一定在班级管理上有自己独特的风格，陈宇导师向我们展示了他的"行知班"班级文化（见下表）。

"行知班"班级文化

核心理念	"教—学—做"合一
班名	行知班
班级口号	为一大事来，做一大事去
班徽设计	须有"行知"字样或体现"知行合一"意蕴
班级公约	体现"知行合一"理念
班本课程	《老校长陶行知》

(续表)

班级标志	印刻在班服、奖品、班级用品上
墙壁装饰	学生书法作品：陶行知教育名言
班级活动	"行知小学"社会实践基地体验活动
其他	"行知合唱团""行知奖学金"

整个班级文化围绕"行知"展开，从核心理念到班级活动，见证了他是一步步如何开发班级文化的。我不禁在心中为陈宇导师点赞，原来卓越的班主任是这样文化育人的。

感恩遇见！感恩河南教师成长学院！我将会带着满满的收获奔赴岗位，用智慧为学生创设充满温情、人性的班级生活环境，做一个拥有智慧的、卓越的班主任。

践行海量阅读，收获成长快乐

濮阳市实验小学　孙利革

初识韩兴娥老师，是读了她的著作《让孩子踏上阅读快车道》。韩老师大力提倡海量阅读。所谓海量阅读，就是"就地取材"全班在课内阅读某一本课外读物，读完一本再换一本；没有固定的教材，任何健康有益的图书都可以读。韩老师还创编了一整套阅读指导方法，不仅带领学生大量背诵，还融会贯通其他学科，引导学生学以致用，为学生的写作打下了坚实的基础。她一直是我崇拜的对象，在2018年河南教师成长学院研修时，我有幸遇到了她。

一、初识海量阅读

2018年7月，我见到了韩老师的"庐山真面目"，很激动。我从上班第一天起就对韩老师的海量阅读充满了兴趣，也曾试着实践过，今天近距离接触韩老师之后，才发现我的那些实践只能称得上"邯郸学步"。

以前我总认为学习一篇课文，附带引申学习课内、课外的几篇文章就是海量阅读，这次见到韩老师之后，我才发现我的认识是多么肤浅。韩老师提出并实践的所谓海量阅读是有序列的阅读，她提出：一、二年级通过海量诵读韵文认识2000字；三年级通过海量朗读、背诵白话文，打好写作基础；四、五、六年级海量诵读文言文。这种有序列的海量诵读基于韩老师精心编撰的层级系列丛书——《三字童谣》《成语儿歌100首》《歇后语儿歌 100 首》《多音字儿歌 200 首》……这让我看到了名师背后的艰辛。

下午，韩老师的弟子刘维丽老师的成语接龙课让我初识了海量阅读，这节课上，刘老师带领学生学习了"入"字头的 50 个成语。一开始我有些疑问，一节课完成 50 个成语的目标怎么可能呢？带着疑问我开启了和刘老师学习成语之路。整节课刘老师带领学生通过多种形式读成语，跟小青蛙读、跟麻雀读、跟小黄鹂读，动物的改变意味着朗读节奏的改变，中间还穿插了历史故事和图片，让学生运用今天学到的成语来形容，还有回音读、跷跷板游戏读、站起来跳着读、拍着桌子打节奏读等，学生学得趣味盎然，连我们听课老师都沉浸其中了。最后的检测消除了我的疑虑，检测过程中学生都能做到对答如流。一节课学会了 50 个成语，这不由得让我惊讶韩老师海量阅读的效果，有了"我也要这样教"的冲动。

二、海量阅读之古诗接龙

教学这么多年，对于词语接龙我是很熟悉了，可是对于古诗接龙我还是第一次遇到。在河南省教师成长学院韩兴娥老师班里我看到了。

这天刘维丽老师为我们上了一节古诗接龙课，一节课学习 10 首古诗，听起来有点不可思议，但是刘老师的课堂做到了。

这节课，刘老师带领学生学习了《春晓》《劝学》《夏日绝句》《商歌》《大林寺桃花》《山间客访》《咏柳》《唐乐府十首·田西边》《途中早发》《峰》10 首古诗，能把 10 首古诗"接"起来已属不易，再让学生学会是不可能完成的事。

一上课，刘老师就让学生听诵读录音自学古诗，哪首诗不熟悉做好标记，学生不由自主地跟着录音读了起来，经过两遍的熏陶，学生已经把握了节奏，这不得不让人惊叹学生的自学能力。

紧接着刘老师让学生练读自己不熟悉的诗，连读三遍。为了检验学生的自学效果，刘老师出示了 10 首古诗中的难读诗句来检测，顺便讲解了什么是"黍"。这一环节的设计为学生的精细化学习扫除了障碍。

然后就是逐首学习这 10 首古诗，通过了解古诗作者、古诗写作背景、问题导引等方法学习古诗。比如，学习《夏日绝句》，刘老师讲述了当时的社会环境，学生了解了李清照所处的特殊时代，就能很容易理解这首诗；再比如，学习《大林寺桃花》，学生读完后，刘老师抛出以下问题：作者是谁？他是什么时期的？作者干什么去了？看到了什么？他为什么感到奇怪？他想到了什么？看似很简单的问题，老师备课时绝对下了一番功夫，没有对10首古诗的深入了解和研究，是不可能达到课堂高效的。这其实也教给学生学习古诗的方法，在以后学习古诗的过程中也可以采用这样的方法来学习。为了让学生对作者和古诗有更深入的了解，刘老师还穿插讲解了《历史朝代歌》和《中国诗歌发展脉络歌谣》，这些拓展的知识一下子提高了学生的学习兴趣，这对学生来说也是一次全新的体验。

到底学生学得怎么样，还得靠事实来说话。刘老师采用了学生喜闻乐见的"飞花令""看图猜古诗""古诗句填空""两人一组排诗"等方法来检验，学生们的表现让我们看到了这节课学习的成果。

三、连读三次的妙处

韩兴娥老师带领我们体验了"读历史学成语"课堂情景，通过学习资料了解到这部分教学分为三部分：历史概述、相关成语、成语故事。在韩老师的带领下，历史附上了浓浓的语文味，学起来还真是饶有趣味。

这节课的学习，一开始由刘维丽老师领着我们读成语，刘老师读一个成语，我们连着跟读三遍。后来韩老师说把四个成语连起来读，她读三遍，我们照读三遍。不过，我发现这次朗读跟一开始有很大不同，一开始我只是跟着刘老师机械地读，但四个成语连读，因为怕读错，所以读的时候很认真地看着每个成语，并且很快记住了"非熊非罴"的"罴"。这是怎么回事啊？正当我百思不得其解时，韩老师说，这就是有思考地读。我忽然想起自己平时的课堂，平时课堂中教学字词时，我只是请"小老师"领读，一次一个词，学生跟读一遍。一次领读一个成语，一个成语跟读三遍，我感觉有些机械，更别提学生一个词跟读一遍了。通过这次亲身实践，我忽然明白我原来做了这么多年的无用功。

成语文言故事教学也是如此。韩老师也要求我们每个成语文言故事读三遍。读第一遍时，因为很多生僻字不认识，读得磕磕巴巴；读第二遍时，已经读得很流利了；读第三遍时，发现自己已经可以给文言短文断句了，会断句意味着我已经读懂这个小故事了。我很惊讶，原来连读三遍竟有如此大的作用。这让我深深明白了韩老师为什么喜欢在课堂上让学生连读三遍了。

读，不是盲目地读，要有方法地读、有思考地读，这就是我在韩老师的课堂演示中的最大收获。这巨大的收获提醒着我在以后的课堂中一定要改革，让读真正发挥它的作用。

四、"粗"与"细"的对决

研修第四天，有幸品尝到了一顿丰盛的"精神大餐"，这天的课程安排是兴娥班和凤霞班合班上课。

上午首先由武凤霞校长作课《爱之链》。一上课武校长就告诉学生这是一篇小小说，让学生说一说小小说的特点。紧接着让学生理解题目"爱之链"的意思，老师耐心指导学生把话说完整，理清课文主要人物。导课部分紧紧抓住了学生的兴趣点，可见老师课堂设计的精细。

接下来，武老师紧紧围绕"谁知道什么，不知道什么"这个高阶问题展开教学，重点研读了老妇人，因为她不知道的最多。通过研读分析，老妇人不知道的有三点：老妇人知道她给乔依钱，乔依不要，但她不知道乔依正需要钱；老妇人只知道乔依帮她修车，但不知道乔依受伤了；老妇人只知道乔依帮她把车修好了，但不知道她开车走后乔依还在目送她。这部分的学习重点是第 6 段，结合自身经历体会什么是"天经地义"，抓住关键词"从来""天经地义""一直"品味乔依的品质。为了让学生更好地领会人物品质，武老师还带领学生重点研读第 4 段对乔依修车细节的描写，抓住"脚腕被蹭破了""没穿袜子""摘下了破手套""两只手冻得几乎没有知觉""喘着粗气""清水鼻涕也流下来了"等 12 处细节描写品味乔依虽贫穷但热心、能干的品质。最后，武老师又抓住了小小说中第 1 段和第 10 段的环境描写进行了细致讲解，让学生知道了环境描写的作用——衬托人物的心情和推动故事情节合情合理地发展。结尾处武老师设计了小练笔：以"乔依醒来，他看到……"为开头，体现"一切都会好起来的"这个主题，写一段环境描写。小练笔的设计不仅契合了课后题目的要求，还提高了学生对环境描写作用的认识。

从《爱之链》这一课的教学中，我看了一个"细线条"的武老师。

再来看看韩兴娥老师的海量阅读课堂，每节课让学生通过大量的阅读，增加学生的积累，提高学生的识字量，同时也拓宽了学生的视野，为学生以后的学习奠定了坚实的基础。如果给韩老师的课堂定义的话，我想用"粗线条"来形容。

武老师的"细线条"课堂和韩老师的"粗线条"课堂，虽然风格迥异，但是对我们来说，都是一笔宝贵的财富，这顿"精神大餐"让我在前进路上又多了一个努力的方向。

在成长学院"成长之夜"的舞台上，我看到了自己的渺小。以前虽不觉得自己优秀，但还算努力，这次我看到了比自己更努力的人、更优秀的人。在这里，不仅有全国特级教师，还有中原名师、河南最具成长力教师、河南最具影响力教师。通过他们的成长之路，我看到了与他们的差距，觉得自己一直是个"井底之蛙"，虽然我一直也在努力，努力提升自己的专业素养：读书、练字、写文章，但是我只是坐在自己的"井里"自娱自乐，还没有放开眼界，走向更深、更远处。看着眼前这群优秀的人，我陷入了沉思，也有了自己前进的目标。

通过这次学习我不仅学会了如何践行海量阅读，还收获了如何成长。"路漫漫其修远兮，吾将上下而求索。"成长之路还很漫长，要确定目标，努力前行。

走出来，遇见美好

濮阳市实验小学　唐瑞锦

初心如雪见天地，静候寒去万物生。在薄雾笼罩、瑟瑟寒风的大雪节气，我们在李桂荣副校长的带领下，前往郑州航空港区太湖路小学参加中原名师徐艳霞小学语文工作室省级名师、骨干教师培训对象第二次集中研修活动。

12月7日上午，中原名师徐艳霞校长的《"自主课堂"引领学习方式变革》开启了我们的学习之旅。"自主课堂"是让学生带着问题进课堂，突出学生的主动学习。此学习方式不是量化不变的模板，而是使课堂教学内容更具开放性，更能充分发挥教师的引导作用。

学思践悟，接下的两节示范课向大家展示了自主课堂教学模式的丰硕成果。第一节是孙世红老师执教的《雪孩子》，孙老师让学生第一次尝试用默读的方式读书、思考问题，孙老师亲切的教学风格，让现场听课的老师们感觉清新、舒服。第二节是申景妍老师执教的《孔子游春》，申老师让学生通过认真默读、用心批注、合作交流感悟文本，整节课如行云流水，让学生与孔子师徒尽情徜徉在泗水河畔。申老师深厚的文化底蕴、扎实的教学功底给全场老师留下了深刻的印象。

下午有幸聆听了河南省基础教育教学研究室吴玉华老师的讲座《用好统编教材　优化语文教学》，其讲座高屋建瓴、内容翔实、案例丰富，具有很强的理论性、实践性，对广大一线教师正确理解和使用教材起到了很好的指导作用。吴老师提到的"让学生在语言实践活动中学习语言""备课要建立整体意识""学本化""教学目标具体化""教学目标弹性调整，不刻舟求剑"等很多理念令人耳目一新，受益匪浅。

我们都知道，课堂应充分发挥学生的主体性，而在日复一日的课堂教学中，我们是否思考过这样的问题：每节课到底会给学生带来什么？学生上了一节课，40分钟后的他们会发生哪些改变？

以往我们经常可以看到这样的场景：课堂提问题时，绝大多数学生还没有深入思考，老师就迫不及待地叫起一两名优秀学生来回答；学生读课文时，一遍还没读完，老师就会示意他们停下来；课堂发言时，学生提出不一致的观点或老师没有想到的观点时，老师担心讨论这些问题浪费时间而草草收场；课堂练习时，部分学生还没有得出结果时，老师就急切地宣布了答案……

反思这些现象背后的原因，就是一些老师认为把课堂时间交给学生会造成时间的浪费，没有教师讲解的效率高；或是担心自己会被学生牵着走，无法完成课前预设的教学内容；当学生回答不正确时，有的教师害怕浪费时间，不自觉地把课堂的主体转移到自己身上，以自己的点评代替学生的观点。这种做法，看上去是提高了效率，节省了时间，但实际上却是对学生的不信任，剥夺了学生的课堂主体地位。课堂教学中，如果害怕学生说得不好而不让他们开口说话和大胆表达，课堂上学生还能学到什么呢？因此，课堂上当学生想说时，就让他们"知无不言"；在学生想说而表达不准确时，教师再加以点拨和引导。

学习是需要进行思考的，没有思考就没有真正的学习，而思考问题又需要一定的时间。虽然有时课堂看上去有点"冷场"，学生不够主动，但是他们正在积极地思考。如果老师急于求成、揠苗助长，只会让学生形成恐惧心理，不愿意积极发言。有的学生学习基础差，对知识的掌握不够牢固，反应速度比较缓慢，甚至他们对于旧知识都是一知半解，怎能对教师的提问马上做出回应呢？我们怎么能要求自己的学生个个都思维敏捷，对答如流呢？这显然是不切实际的。如果把学生思考的时间延长一点，耐心地等待一会儿，课堂上给学生充足的时间，或思考，或交流，或朗读，学生说不好或读不好时，老师能耐下心来进行指导，久而久之，学生就会形成良好的思维习惯，就会更加全面、完整地回答问题，真正成为学习的主人。

12月8日上午，10名省级名师、骨干教师培育对象在太湖路小学的文体中心给大家带来了一场"饕餮盛宴"。台上微课、说课、美文诵读、讲故事、简笔画等风采展示精彩纷呈，台下的观众或记录，或拍摄，用心聆听。欣赏完这10位老师的精彩展示，尤其是几位老师的微课，我感触颇深。大多数老师的微课都能抓住课的重点，结合学习任务单实施导学，帮助学生预习重点、难点和需要事先学习的内容，把一些学生不易理解的抽象知识变得形象具体，帮助学生解决重点、难点、疑点、易错点和易混淆点，完成知识内化，提高学习兴趣。课堂上，每位老师都将学生放在与自己平等的位置上，尊重学生，倾听学生，评价语言有力且多样化，消除了学生"怕"的心理，学生积极分享自己的想法，提出自己的问题，这样的课堂很好地改善了学生的求知状态。

下午，中原名师刘娟娟老师的专题报告《语言密码，开启读写结合创意之门》很接地气，看得见，学得来。她从词语密码、句子密码、段落密码、课文迁移密码等方面一一作了解析，翔实的例子，细致的讲解，让老师们感受到了语言密码的无穷魅力。

随后，中原名师陈静做了专题报告《做幸福教师的N种可能》。一个教育故事接着一个教育故事，陈老师娓娓道来，她奇特的思维、丰富的想象、独特的教育智慧让人佩服，她对教育生活的热爱、执着于研究的态度、博大的教育情怀让人感动。

通过两天的学习，我对教育有了更深刻的认识，爱心、细心、耐心在这些名师身上表现得淋漓尽致，他们每个人都在用爱和奉献谱写教育的神圣。"道而弗牵，强而弗抑，开而弗达"，在今后的教学中，我会把所学用于实践，戒骄戒躁，做智慧教师。

室外寒风瑟瑟，室内温暖如春。两天的学习之旅，既有理论层面的引领，又有实践层面的指导，好似春风化雨般的滋养。冬日里最美的遇见，如此甚好！

专家引领促发展，砥砺前行正当时

新乡市外国语小学　崔菁蕾

"几处早莺争暖树，谁家新燕啄春泥。"温暖的春风，吹绿了一望无际的麦田，吹皱了静静流淌的河水，吹开了点点粉红的桃花，人们迫不及待地"减负"前行，到处是新希望、新气象。

盼望已久的河南省名师培训，终于开班了，我的心，无法安宁，为确定来临的一切兴奋不已，难以自持。校车直接把我们送到河南师范大学公寓楼，进入房间，嘴角仍抑制不住地微笑，名师小组成员互相问候，向对面大学生挥挥手，凉台上吹吹风，给家人报个平安。清空脑中杂事，迎接知识盛宴。今晚，在期待中入眠。

一、技术支持课堂教学创新

河南师范大学卜彩丽教授为我们带来了讲座《在线教学资源获取与应用》。卜老师乐观豁达，课堂氛围融洽，师生互动频繁。卜老师的课条理特别清晰，从问题入手，再层层细化，既有理论高度，又有实践操作，做到了高端、大气又接地气。

数字化时代的今天，信息技术对教育发展具有革命性的影响。让技术赋能学生的学习，效果好，效率高，学生参与度高。比如，在设计的各种活动中，小组合作探究时，可通过技术连接校内外学习资源，使资源更丰富；在展示探究成果时，把自己学到的知识、和学生讨论的心得、解决问题的过程融入最后的演讲，转化为自己的能力。课堂时间只能展示一两位学生，但我们要面对的是所有学生，每个学生都可以录制视频并上传班级群，其他学生可以点开进行评价，老师通过查看视频了解学生学习情况，进而可以重点进行指导，技术让教学方法更有力，让评价更有效。

学习正在兴头上，声声春雷更为我们增添了喜悦。

二、语文教什么

新乡市基础教研室刘萍萍老师来到了我们身边，似一朵白云，轻盈、淡雅；似一只百灵，快乐、热情。刘老师一身白色运动衣，短发，未闻言，开口就是朗朗的笑声，其教学理念和教学风格与其他老师不同。

刘老师首先给我们讲述的是"牵引""灌输""引导"的不同。"牵引"就是引动、拉动，当学生对一个问题还没有回答正确时，教师就直接用幻灯片出示答案，牵着学生往前走。"灌输"是输送、输入，课堂上教师一直在讲，不管学生能不能接受，一味填鸭。"引导"是带领、启发、诱导，需要学生付出努力才能获取知识，探究的过程或许还要经历挫折和失败，重点是让学生自己发现。回想我在讲《桥》一课时，为了检查学生认读生字词的情况，我设计了三组词，学生读完词，我问："看看这三组词是分别形容谁的？"如果换一种方式问："自己小声再读一遍这些词语，你发现了什么？"前一种提问，学生不用动脑筋就能轻而易举答出，因为老师都告诉了学生"三组词""分别形容"。后一种方式，学生要先想一想，把词语分类，分三类是学生自己发现的，再联系刚才初读的课文，在文中这些词语是和谁一起出现的，学生经历了"猜想—读文—验证—发现"的过程。所以，我们的课堂要注重引导，只有以学生的学习为本，才能真正实现对话。

教学活动是引导学生学习信息获取、理解掌握、知识整合，然后研究探索、操作运用、语言表达，从中训练学生的科学思维、人文思维、创新思维的过程。课堂教学就是要重视培养学生解决真实情境中复杂问题的能力，教师设置任务、选择资源、提供情境、开展活动，学生运用智慧、通过实践解决问题，完成任务。结果学生积累了语言文字运用经验和阅读体验，建构了语文知识体系，提升了语文能力和语文素养。

三、阅读提升素养

崔振成教授提出了有哲学思想的问题：我们是什么样的存在？身在何处？心向何方？怎样提升自己的专业素养，进而实现对别人的影响？这节课我们跟着崔老师一起去认识自身。

教师应多读书，用心阅读书，把书中营养转化为自身血液，"苟日新，日日新，又日新"。崔老师侃侃而谈，将《周易》《论语》《中庸》等书中的句子信手拈来。反观自身，积累太少，很是惭愧。对于语句的理解，我还停留在知识层面，例如"学而时习之，不亦说乎？"很简单的一句，平时都是这样和学生交流的："学习了之后，经常温习巩固，不也是很快乐吗？"但崔老师说每次温习，都有新的收获，而不是死背书，只为应付考试。也可以这样理解，"学到了知识，并且在适当的时候用到了，学以致用不也很快乐吗？"要提升到文化的层面去理解。知识系统是一片一片树叶，逻辑系统是树干，文化系统是树根，要有对学生完整生命的引导和建设。

四、培训助推教师专业成长

中原名师李国胜校长在报告中指出，一个优秀教师的成长至少由两次成长构成，第二次成长有很多是受到较大挫折后开始的。这一段时间以来，我在反思如何将课上得更好，如何改进，自己心中也是十分焦虑。要完成第二次成长，就要想别人不想的事，读别人不读的书，干别人不干的活，拜别人拜不到的师。

读书，自己定了目标，一月一本，一定要坚持下来。我现在读书就与以往不同，有想法的地方多了，与实际教学联系多了，以前，少有理论归纳、思辨，如今有了阅读功，理论素养也提升了很多。

李校长向我们展示了他正在写的课题研究报告——一张思维导图，由干到枝再到叶，脉络清晰，环环相扣。回想我写研究报告的时候，经常是东一榔头西一棒槌，前后什么关系也不是很清楚，我所缺少的就是思维，思维的严密性、逻辑性、深度、广度。

四位专家分别从技术运用的角度、语文教学的角度、哲学角度、教师专业成长的角度出发给我们做了培训，殊途同归，都指向要训练问题意识、思维能力。知识代表已知，思维代表未知，所有创新源于思维，在问题引领的教学中培养学生的思维能力。

这次省级名师培训，有前沿的教学理论，有丰富的教学经验，有鲜活的教学案例，与专家、一线名师面对面研讨，在专家的讲述中获取新知，在与学友的研讨中碰撞思维火花。相遇是美丽的，学习是幸福的，收获是快乐的，我一定将所学用于工作中，播撒希望的种子。

一本书，一条路，一片天

——河南省名师培育对象研修感悟

舞钢市第一小学　金清华

周围的人一致认为我是个踏实肯干的人，可步入中年，我发现自己的辛苦付出好像并没取得多大成效。聆听专家们分析教师的成长之路，我知道自己进入了教师成长的"高原区"。

几乎每一次参加培训，都会有专家提到读书、写作对于教师成长的重要性，然而，听讲座时很激动，回到工作岗位后就会陷入日常琐事中，行动力不足。2023年，作为河南省名师培育对象，我有幸加入中原名师李桂荣老师的工作室，在李老师的专业引领下，我听到了自己拔节成长的声音，找到了前进的方向。

一、以写促读，提升读的质量

李老师曾说："教师专业发展走向卓越的路径之一是教育写作。"她对我们的培养就是从有计划、有步骤地读书与写作开始的。无论是集中研修、跟岗学习，还是每一次读书、线上聆听专家讲座，都要写出三四千字的反思或报告，并在工作室的公众号上发布，这是真刀实枪的操练。

李老师带领我们读的第一本书，是北京师范大学郭华教授的《教学的模样》。李老师是一个行动力极强的人，省名师培育对象在河南师范大学的首次集中研修刚刚结束，我们还在返程的高铁上，就收到了她"观看北京大兴熙诚学校的《教学的模样》读书分享会暨《教学的模样》首发式"

的微信。紧接着,她就领着我们阅读《教学的模样》这本书,并且要求有计划、有研讨、有报告。

开始阅读《教学的模样》这本书时,我感到理论多了些,有些枯燥。为了完成老师留的作业,就强迫自己读下去,读着读着就产生了感悟。尽管如此,写读书报告时我还是感到很吃力。因为写读书报告,既要理解作者的观点,同时又需要联系教育教学实际进行深入思考,这是一种真正的深度学习。经过对这本书的反复阅读,感觉自己的教育视野拓宽了,对教学、对学生、对教师在教学中的作用,也理解更深了。书中所讲述的"最近发展区""种子课""深度学习""跨学科主题学习"等对我有很大的启发。在后来的教学中,我常常自觉尝试寻找"种子课""最近发展区",尽量引领学生进行"深度学习"。后来,李老师又推荐我们观看了教育科学出版社举办的"名家·名师面对面"线上活动,进一步品读教育佳作《教学的模样》,激励我们追寻理想的教学,促进学习真正发生。"好书不厌百回读,熟读深思子自知",至此,我对这本书由不喜欢看到变得爱不释手。

二、以读促思,提高教的水平

把读书的感悟与实际教学相结合,是教师教学水平迅速提升的有效实践。深入读过《教学的模样》,其中的教学理论就如影随形附在了我的脑海中,教学时不由得就想加以尝试。今年我被聘为国培项目辅导老师,应广大一线老师的要求,讲了《景阳冈》一课。《景阳冈》一文比较长,写作语言用的是古白话。五年级的学生学习这篇课文有一定的难度。

我想到了郭华教授在《教学的模样》一书中所说的,"最近发展区"强调的是,果子在学生自己跳起来摘不到的地方,这个区域是学生学习有难度的区域,是学生完成有挑战的任务、获得发展的区域。教师要在学生处于悱愤状态之时,给予他们点拨引领,这样才能提升学生的水平。

于是就着力于思考:这节课的学习,学生的"最近发展区"在哪里呢?我该如何引领学生跨越这个区域,实现真正的学习呢?经过研读教材,我决定把本单元的语文要素——初步学习阅读古典名著的方法,确定为学生的"最近发展区",以简驭繁,长课精教。教学中,我以如何感受故事中的人物形象为主线索，引导学生重点阅读并画出描写武松动作的词句，从初遇老虎、武松打虎和打虎之后三方面引导学生读一读、找一找、议一议，品味武松打虎这部分动词的运用在塑造人物时所起的作用，并指导学生加上适当的语气、表情、动作，试着用自己的话来讲述武松打虎部分，进一步感悟作者的语言特色。同时适时引导学生总结并感受古典文学中描写人物形象的方法，即：抓重点语句，初悟形象；抓关键词眼，再品形象；抓巧妙用词，丰富形象。使学生在感受人物形象的同时学到了阅读古典文学名著的方法，有效地落实了本单元的语文要素，突破了学生的"最近发展区"。

《水浒传》中的武松形象很饱满，既有英勇无畏、机智灵活的特点，也有爱冲动的个性。武松既是一个英雄也是一个凡人。怎样引导学生感悟武松的平凡呢？在学完武松打虎这个重点部分之后，我引导学生从武松与店家的对话以及武松看到榜文时的表现中，体会武松的豪放、倔强、多疑、爱面子等性格特点，从而对武松这一形象有了更全面的理解，也明白作者这样写使人物形象变得更加丰满、逼真、可信，让学生更深入地感受到了古典文学名著的魅力，进一步落实了本单元的语文要素，提升了学生的思维水平。

虽然《景阳冈》一课内容冗长，不好理解，但是我充分发挥教师的指导作用，恰当地引导学生品读、感悟，同时向学生传授学法，让学生既学会又会学，突破本课的"最近发展区"——初步学习阅读古典名著的方法，促进了学习真正发生，提升了学生的水平，得到了听课老师的认可。

课讲完了，思想也被激活了。我引用《教学的模样》书中的观点，把《景阳冈》的教学体会梳理出来，参加了舞钢市的教科研活动，得到了上级教研员的肯定并获了奖。

真正的阅读是一种深刻而愉悦的体验，能让我们从中找到自己、塑造自己。《教学的模样》开启了我的读写之旅。以后每读一本书，我都会自觉地进行复盘、反思、求证，写读书报告，写不出来的时候就继续阅读。如此往复，每一次都能有更多的收获，都能遇到更好的自己。

三、写思共融，凝练教学主张

李老师不仅指导我们读书，还热忱鼓励我们从自己的教育教学实践中提炼自己的教育主张，凝练教育特色。为此，她专门组织我们开展线上个人专题讲座。

这对我是一个极大的挑战。每日想着这件事，一星期过去了，还是没有一点头绪，不知该从何处着手。

"丑媳妇总得见公婆"呀。于是，我决定把自己近年来对统编小学语文教材中高年级作文教学的实践加以整理，请李老师和伙伴们帮助把把脉，会会诊。有了想法就可以行动了，可是要把它梳理出来也不是一件容易的事。读课标、翻教材、请教他人、查阅资料、撰写稿子、制作课件等，废寝忘食忙活了半个多月，终于"十月怀胎，一朝分娩"。讲座一结束，我就问："我讲的，大家能听懂吗？"听到大伙连连说"听得懂，听得懂"，我才松了一口气，并就自己还不太明白的问题向大家请教。李老师和工作室的伙伴们各抒己见谈了自己的看法，给予我最真诚的鼓励和指导，使我对作文教学的认识又上了一个新台阶。

后来，我把这次讲座的内容进一步修改、充实、润色，在县域内小学语文教师全员培训时做了以"核心素养导向下的小学作文教学探究"为专题的讲座，受到一致好评。但我知道，由于水平有限，自己在讲座中谈到的一些观点还带有理想化的色彩，还需要在实践中进一步地修正、完善。接下来，我打算把它作为一个课题带领身边老师进行更深入、更扎实的研究，立足教学，服务师生，提升教学质量。

四、读写思做，助力教师成长

有人曾说，听到了我会忘记，看到了我会记住，做过了我会明白。我深以为然。好的教练注重思想的引领和基本功的训练。李桂荣老师就是这样的好教练。她从专业的视角，引领我们读书、写作、实践、研讨，带领我们走出自己的一片天地。

李老师说"对教师而言，读书是最好的备课，笔耕是最快的成长""教育写作是名师专业成长的必由之路"等，我要谨记她的教诲，像她一样笔耕不辍。培训时写总结、听课后写反思、做评委细致记、随时捕捉灵感，不会写了就看书，以写作倒逼读书，以写作促进思考，以思考提升教学，做一个脚踏实地的实践者，发挥好名师的辐射作用，引领周边的老师共同进步，让教育的百花园充满芬芳。

跟随李老师的时间虽然不长，但我的收获却很多。她让我找到了努力的方向，知道了怎样突破瓶颈，由经验型教师成长为一个"科研型""创造型"的教师：读好每本书，走出一条路，展望一片天。

第四章

涵养师者的情怀

水韵实小话研修，"三行""三化"谱新篇
——中原名师李桂荣工作室第一次跟岗研修旅记

安阳市龙安区文明大道小学　张志华

时值 2019 年 10 月，天空显得格外瓦蓝明净，白云显得格外纯洁悠闲。在这样一个硕果飘香的季节，树木放下了花朵，选择了酝酿，获得了果实；我们放下了停歇，选择了前行，收获了成长。

一、相遇篇——气定·情来·神往

2019 年，我有幸加入中原名师李桂荣工作室，成为这个教师专业成长、充满温暖善意团队的一员，有幸与美丽优雅的中原名师李桂荣老师相识。李老师像春天的甘霖，润泽心田，为我铺设了一条梦寐以求的专业成长高速路。

因为一个人，爱上一座城！因为一个人，人生启新篇！我眼中的李老师如一泓清水，如缕缕春风，一路穿山越谷，拂柳浴花，历经沿路的坎坷与劳累之后，依然用她清亮睿智的眼眸，温情注视着工作室每一位成员的成长。渐渐地，我的气——安定了，情——愈浓了，神——更往了。我们整个身心在过去和将来之间，变得更加温暖舒爽、清澈明亮。天，虽然越来越凉，心，却越来越暖。

第一次的研修之旅虽已结束，但我们的研修之路才刚刚启程。我们从中得到的感悟、受到的启发，如泉之涌动，海之波澜。那城、那校，虽会因我们踏上归途而渐行渐远，但那室、那情，却将永远铭刻在我们心头！

那一缕书香，那一道水韵，那一室的风华，将永久充盈在每一位学员的心间，激起大家向上的朝气，向善的勇气，向美的豪气。现在就让我一一梳理这次行走在濮阳水韵实小间的思考和感悟吧。

二、行走篇——文化·精神·情怀

1. 行走校园间："三心""二意"来研修，涉水探宝取真经

行走在校园间，我读到了种种散发着催人奋发的校园文化，闻到了缕缕沁人心脾的水韵书香。

十月的金秋，中原名师李桂荣工作室的省名师、骨干培育对象一行，怀着满心的喜悦，迎着飒飒的秋风，来到了大河滔滔、濮水汤汤的颛顼帝都，敬水学堂。在这里，我们徜徉着；在这里，我们沉醉着；在这里，我们升华着。在这里，我们带着"三心"而来，揣着"二意"而学；在这里，我们看到了濮阳人火红太阳一般待客赤诚，看到了实小人湛蓝大海一样的宽广胸怀，更感受到了李老师工作室成员对待工作如黄金一般的珍爱。

我带着"三心"而来：好奇心、敬仰心、庆幸心。好奇是指李老师工作室究竟会给我们安排怎样的学习之旅，龙都校园阅读联盟论坛又将会以一种什么样的形式呈现。这颗好奇之心，随着行走在阅读实小学校文化精品路线上，跟随小解说员参观行走在校园的博物馆里，渐渐转化成了一颗敬仰之心。接下来聆听了校长的主旨演讲，较为系统地了解了学校"行走在阅读间的大教育"体系，尤其在观看了精彩绝伦的教育戏剧，聆听了唇枪舌剑的精彩辩论，领略了悦读中国的社团风采，欣赏了感人肺腑的朗读者表演，博览了"真人图书馆"的魅力篇章之后，更强烈地感受到了洋溢在实小的浓浓的水韵书香，悦读文化。一种庆幸之情油然而生！为实小的化水为德、聚气成魂这样一种校园文化，为濮阳有这样悦读润智、形健慧生的窗口学校而欢欣，更为李老师这次的精心安排，让我们相遇龙都如此盛事而庆幸！这次的濮阳之行真的来着了，来对了，来值了！

我揣着"二意"而来：研语文之道，修名师之学。有幸能师从中原名师李桂荣老师，实在是我的福气。任务驱动，严格要求，是李老师送给我最好的礼物。除了业务上的引领，在这次的跟岗研修之旅中，李老师体贴始终，关爱满满。从宾馆安排到发放学习材料、接待引领无不彰显了李老师的大爱情怀。我一次又一次地在心里说：我们实在是跟对了人啊！遇见名师遇见您，必定取得"真经"还。

行走间，一种豪情涌上心头，化作拙诗一首，以表心声：

> 金秋实小风光好，
> 硕果累累荡春潮。
> 名师心血化彩虹，
> 名校书香满园飘。
> 辩论声里现真理，
> 教育戏剧育英豪。
> 读书呼吸多自然，
> 写作春风吹柳条。
> 赤诚忠心献大爱，
> 人才济济出名校。

2. 行走师生间：张开阅读与写作双翼，飞向幸福成长晴空

行走在师生间，我读到了一种敬人敬事敬诸生命，和谐合作和而不同的人文精神，看到了一股股蓬勃的生命力量在迸发。

俗话说："鸟欲高飞先振翅，人要上进须读书。"如果说昨天在实小的实地考察让我们从实践层面、操作层面直观地了解和感受了"从阅读走向悦读"的校园文化的精髓，今天上午学校精心组织全体老师参加的闫学老师的专题报告更是让我从思想到行动接受了一次"我要阅读、我要写作"的精神洗礼。"让读书像呼吸一样自然，让写作像风一样吹来"，这就是我努力的方向啊！

众所周知，阅读是输入，写作是输出。只有厚积方能薄发。对于闫学老师，我虽然早有耳闻，但像今天这么近距离接触，感受闫老师的个人魅力和学识才能，还是第一次。在这里，衷心感谢李老师及工作室团队为我们精心设计的宝贵课程。从闫老师耳提面命的告诫和自述的个人成长史里，我又一次强烈地感受到阅读和写作的确应该像鸟之双翼，车之双轮。正如闫老师所说，阅读就像远方的光，指引我们前行的方向，写作则像向上的天梯，我们只有勇敢地去跨越，不辞辛苦地去攀登，才能以梦为马，不负韶华。

　　闫老师在报告中以好老师的五个特质为主线，让我们读懂了三个关键点：第一，把教育当作一种信仰，一种事业。第二，但问耕耘，莫问收获。第三，剔除杂念，耐住寂寞。她还结合自己新加坡的游学经历，为我们指明了教师成长的三个路径：第一，走行政路；第二，走科研路；第三，走课堂教学路。对照自我，我明晰了自己今后要努力的方向。在谈到教学工作实践时，闫老师还毫无保留地为我们这些一线老师献出了自己提高教育教学成绩的两大法宝：一是推动儿童阅读，为学生的成长营造书香氛围；二是开设大量的直指提升学生素养的选修课，从根本上激发学生阅读与学习的兴趣与热情。学生的阅读底色一旦打好，成绩的提高水到渠成。

　　闫老师在阐明了阅读与写作的重要性的同时，还语重心长地告诉我们，究竟该如何阅读，有哪些方法和路径，阅读应从什么书目开始。其中，最令我耳目一新的是叶脉式阅读和克期阅读。最让我心潮澎湃的就是闫老师的最后呼吁：读起来最关键，永远没有万事俱备和充足的时间，读在当下，活在当下就是最好的路径。是啊，岁月不会因为我们的嗟叹抱怨而驻足，我们也不能因为岁月的流逝而懈怠。那么，接下来，让我们牢记"让读书像呼吸一样自然，让写作像风一样吹来"这句话，从今天开始，从现在开始，张开阅读与写作的双翼，飞向那幸福成长的晴空。

　　下午的微课展示让大家得到了历练。尚淑丽老师的热情主持，宋彦菊老师的精彩点评让学员们受益匪浅，感慨良多。

3. 行走课堂间：实小课堂诗意浓，教书育人沐春风

　　濮阳实小的课堂观摩是很富有诗意的。这天一大早，我们一行就来到了录播教室，本以为学生还在下面参加升旗仪式，没想到，实小的执教老师和学生已经先我们而来，等待着我们的到来。

　　我们兴冲冲走进教室，一眼看到精神焕发的同学们，又望见气宇轩昂的班干部正在带领大家或读或背或书空，秩序井然，学情澎湃。再看一下老师，并不去干预，只默默站在一旁，含笑静观。啊！此刻，我们仅仅看到这些同学和老师吗？不，分明是一种课堂文化映入了我们的眼中，照进了我们的心中。从课前准备上，我读到了一种属于水韵实小的课堂文化；从孩子们琅琅书声中，我闻到了一股浓浓的书香水韵；从师生的举止上，

我感受到属于水韵实小的那种向上的朝气，向前的勇气，向美的豪气！

接下来的课堂上，更是让我们如沐春风，感慨颇多。总的来说，两节课可以用两个词形容：教不越位，学则到位。

先说第一节闫昱瑧老师的四年级第二单元习作课《小小"动物园"》，我梳理总结了以下三个优点：第一，教师能把握统编教材的特点，对教学目标心中有数，不越位。我们知道，小学生作文能力发展按照年龄特征可以划分为三个时期：一是写话期，二是过渡期，三是初级写作期。低年级为写话期，三年级起步阶段应侧重指导观察，激发想象，为写作奠基，四、五年级应着力指导不同类型的习作，六年级应总结梳理小学阶段习作要点，为初中作文打下坚实的基础。对于统编教材来说，以写人为例，每个年级每一册都安排写人，但要求和写作的角度不一样。为了保护学生的习作兴趣，老师不要过多拔高要求。中年级在习作教学目标上，要使学生获得把一件事写清楚或把一个观点、一个意思写明白的能力。这节课，老师定位让学生把家人的特点写出来，并表达清楚，说明白。没有硬性要求写得多么具体、生动。这里，我想到了自己的实际课堂操作，对于写清楚、写具体这两个要求，有时把握不够到位，或越位，或缺位。听课中，我又一次思考了这两者的区别，豁然开朗。写清楚是指把内容写得容易让人了解、辨认。而写具体，是把内容写得细一些，写出一些细节来，不抽象，不笼统。把话写清楚应是基本要求，写具体是进一步要求。中年级写清楚是达到高年级写具体的一个小台阶。只有迈好这个小台阶，才能大踏步向前进。第二，课堂环节清晰而不繁杂，环环相扣，不枝不蔓，有序有趣，步步到位。从老师的绘本回顾导入，到要求明确的习作导学单，从个人的独立冥想到小组的相互交流，再到全班的集体交流，无不在指向把话说明白，把事说清楚。第三，老师主导有法，学生主体凸显。整个课堂，老师敢于放手，正如李玉萍老师所说，真正把学生放在了课堂学习的正中央。课堂上敢于让学生去想，让学生去说，让学生去写。真正让习作在课堂上落地生根，开花结果。

再来说说第二节彭芳慧老师二年级上册的阅读课《黄山奇石》。我感到整节课闪现着三个"度"。首先，此课有梯度。无论从上课伊始的读题解题，还是解释词语方法渗透，抑或是词语的学习，从词到词组再到文中的句子，还有从个人自学到小组共学，再到全班反馈，无不是从易到难，步步深入，循序渐进，梯度渐升。其次，此课有张度。如同闫学老师主张的叶脉式阅读一样，本课中，老师也力求叶脉式学习，教给学生学一个词，积累一类词。触类旁通，以点带面，牵一带十。最后，该课还有亮度。这点我着力要说的是老师的书写指导。于永正老师说，教好语文无非两件事，一读好书，二写好字。作为低年级的课，我们老师要从中进一步厘清我们的观念，重视孩子书写指导，不论书写姿势的训练还是书写习惯的养成，以及书写字体的点滴指导，一笔一画总关情啊！综上所述，这是一节有温度的课堂。

总之，实小课堂诗意浓，教书育人沐春风。听着，看着，我已经沉醉在这迷人的风景一般的课堂中了。

4.徜徉工作室：登名师之室，沐教研之露，享成长之福

徜徉工作室，我们读到了一种乐业、实干、执着的工作情怀，尝到了满口乐此不疲、甘之若饴的甜汁蜜果。

"阅读是最美的遇见"，我凝视着中原名师李桂荣老师不厌其烦地为每个学员在她刚刚出版的《从阅读走向悦读——如何提升学生的阅读兴趣与能力》赠书扉页上写的这句话。语短情长，这一行字，让我不由浮想联翩：是啊，阅读是李老师和书本最美的遇见。我们和李老师的遇见，何尝不是一种最美的遇见呢？因为她，我们有幸登名师之雅室；因为她，我们得以沐浴教研之雨露，从而享受了这份专业成长之幸福！

昨天的游走校园大家领略了阅读文化的魅力，今天上午的专家报告给我的专业成长指点了迷津，下午的微课展示让我看到了努力的方向。尤其在聆听了李老师的专题讲座后，我从内心深处更感受到科研对教师个人专业成长的不可或缺。

李老师从一开始就以任务驱动为管理抓手，依托工作室引领我们走在教科研的道路上。从假期开始的新乡研修心得、教育自传2000字，到现在的微课展示，无不彰显着李老师工作室的活动原则：专业引领，同伴互助，携手同行，共同发展。李老师关于工作室运作的主题分享，让我们进一步知晓了李老师对引领我们专业成长的良苦用心。从李老师付出和收获的成果中，我也明白了作为工作室的一员，无论如何都要牢牢抓住这次学

习机会，珍惜这个成长的平台，不辜负李老师的一片苦心与爱意。我决心做一名有思想的老师，脸上满带朝气，心中满怀勇气，全身散发豪气，即刻出发吧，跟着李老师勇往直前！

三、化念篇——化心·化念·化力

三天的实地研修，让我开始转化心态，转变观念。正如这里从领导到老师都提倡的，让教育变成一种信仰。要做一个有信仰、真爱岗、肯实干的教师，这是我在心里给自己立下的努力方向。因为只有坚定信念、设定目标，才能更快地出发，更好地行走。我们的成长需要名师的引领，但更关键的是化"要我长"为"我要长"。比如我们都晓得阅读对一个教师专业成长的重要意义，但往往在现实中苦于杂事羁绊，计划落实不到位。那么如何让阅读在我们的实际生活中生根发芽、落地开花呢？那就是行动，行动，再行动。由此，我想到了一个用打乒乓球的三个要点来形容执行力的比喻：一是在速度上要快点；二是在精度上要准点；三是在力度上要狠点。迁移到我们自身的专业成长和阅读学习上，我想不妨在选书上精心适度一些，在速度上实行克期阅读，在力度上对自己增加点狠度。只有这样才能使自我得到变化并升华。我真切希望在李老师的引领下，工作室全体成员共修、共学、共提高，化身、化心、化大家。在研修的道路上，就让我们生出两个翅膀，长出两种力量——行动力和生长力，从而化茧成蝶，振翅高飞，最终飞向我们向往的教育高地。

四、结束篇——啐啄·化蝶·奋飞

大家都知道，蛋壳中的小鸟，在即将出壳时会在蛋壳中拼命啐着。母鸟也会从外用喙将壳啄破，以期帮助小鸟出壳，这一啐一啄便是新生命面世的开始。在教师自身专业成长中，我们内心有时也会被无形的蛋壳包裹，我们在挣扎着"啐"的时候，也需要名师的"啄"，来给予我们及时的帮助，我们才能破壳而生。这便是我们跟随中原名师学习成长的意义所在。只有啐啄同机，方能生命丰盈，成长迅速。

富兰克林说，推动你的事业，不要让事业推动你。在李老师"任务驱动"的智慧引领下，通过这次研修之旅，在这匆匆的水韵实小来去间，在这别样的"三行"中，我们如果能化被动为主动，化惰性为朝气，化畏难为勇气，化退缩为豪气，那么我们的研修之路必将花开灿烂，硕果飘香。这也是我此次研修之旅的最大收获。在中原名师李桂荣老师的大爱指引下，让我们义无反顾、步履铿锵地行走在"追求一种有信仰的教育人生"之路上，用"奋进之笔"去叙写一路奋斗，一路故事，去收获一路感动，一路芬芳。

一场遇见，一份期待

信阳市平桥区外国语小学　付荣华

2019年秋天，对于我，特别的不同寻常，在这个秋天我与濮阳有了一场美好的遇见，与中原名师李桂荣工作室团队有了一份金秋的相约。秋天是绚烂的，是多姿多彩的，是浪漫的，是诗情画意的，是收获的，是充满希望的。在这美好的季节，我感受着美好，收获着美好！

一、一群人，一个具有大教育情怀的团队

学习的第一天早上，是一阵音乐声引领着我们走到了实验小学的门口，迎上来的是热情真诚的实验小学的老师和学生。随之映入眼帘的是排列整齐、正在倾情表演的乐队演员们，整个场面宏大，服装、道具精美，小演员们自信大方，朝气蓬勃，两侧楼上挥舞的小红旗，整齐有序，和谐壮观。此时的校园是沸腾的，表演者热情洋溢，参观者激情澎湃。随着对校园的参观，我对水韵实小有了更清晰的认识，"水之德，师之魂，生之韵"，感叹校园文化的意蕴深远，布局巧妙，制作精美，每一个角落都体现了教育者的用心，每一处设计都融入了文化的渗透。

多么富有诗意与灵气的校园文化，她的构建者就是学校校长——魏存智先生。一位头发泛白的资深教育者，就像主持人所说，他就是一部无字书，就是一所图书馆。魏校长给我们做了《让阅读走向深度的实践与探索》的报告，他的报告把我带入了本次活动的主题——"行走阅读，水韵书香"。

阅读是安静的行走，行走是流动的阅读，他的睿智与学识让我们感受到了实验小学的实力，感受到了阅读的魅力。如果说魏校长的引领是一个提纲挈领，那么接下来的展示让我们看到了水韵文化滋养下的师生风采，它是实力的展现，是办学成效的彰显，是魏校长办学思想的缩影。教育戏剧、微论坛、辩论会、社团风采、"真人图书馆"、朗读者、绘本剧，一幕幕、一场场，我们看到了学生们的自信与个性，看到了教师的幸福与专业。一个学校的发展看什么，我觉得就是看老师和学生。看老师是否有职业幸福与追求。有职业幸福与追求的教师，他们眼中的灵光，脚步的坚定，举手投足的从容，给他人都是美的感染与浸润。司培宁、宋彦菊、李玉萍等每一位上台展示的教师，都是光彩夺目的，内在拥有的职业思想与自信，焕发出的就是外在的闪亮与精彩。有这样的老师，才可能教育与影响出同样焕发光彩的学生。文化精品路线的小小讲解员，自信阳光，落落大方，既展示了个人的素养魅力，更清楚详细地阐释了学校的文化，介绍了每一处环境创设的目的和理念。一个个，一处处，情景交融，相得益彰。论坛展示的学生更是让台下的老师惊叹不已，表演时入情入境，朗诵时声情并茂，辩论时唇枪舌剑，他们的优秀与自信让我们感受到了教育的幸福与价值。

舞台是为优秀者准备的，可课堂是属于每一位教师的。工作室成员闫昱臻、彭芳慧分别为大家做了示范课《小小"动物园"》和《黄山奇石》。两位教师都很年轻有朝气，但课堂上的她们却让我们刮目相看，她们没有青涩稚嫩，没有慌忙无措，教学目标明确集中，教学层次稳步推进，教学细节处理妥帖到位，与学生交流扶放有度，指导有法，板书指导一板一眼，注重学生课堂习惯培养，注意学生学习方法的习得，她们展现了课堂教学的最真实状态，也展示了濮阳实小青年教师的风采，更让我们看到了李老师工作室团队的实力与成长力。

一个人可以走得快，一群人可以走得远。抱团成长是教师成长最好的路径。幸运的我们能走进大美实小，走进中原名师李桂荣工作室，零距离地接触李桂荣老师，感受她的人格魅力，聆听她的专业指导，内心充满感恩。李老师的报告《科研引导，高效课堂，助推教师专业成长》引导我们思考团队成长的方式有哪些，李老师从"提升综合素质，打造学习型团队；深入开展课题研究，打造研究型团队；广泛辐射引领，打造引领型团队"

等方面，给我们带来了深刻的启示。这就是濮阳实小教师成长的方式。成长是教师的立身之本，做一名有成长力的教师，有一个助推自己不断成长的团队，这就是做教师的最大幸福！

就是这样一群人，书写着教育的荣光与神圣，绽放着生命的光彩，展现了教育的魅力。成长是他们行走在教育路上的常态，优秀是他们长青于教育史册的名片。濮阳市实验小学拥有诗意的校园文化、优美的校园环境，优秀的教师团队用专业、敬业、精业书写着教育的幸福，培育出富有朝气、勇气、豪气的未来人！

二、一个人，一座教育的灯塔

很有幸，再次聆听到闫学老师的报告，重温了闫老师的成长史——完善知识结构的阅读史、笔耕不辍的写作史、课堂实践的磨炼史、持续反思的研究史，了解了闫老师的成长经历。聆听了闫老师的报告，我也找到了自己与名师的差距。

首先，要有改变的主观意愿，是否把教书育人当作事业来做。人生需要勇敢跨越，要敢于走出人生的舒适区，要主动出击，不断创造机会，不断地去拓展新的发展领域。人们常说，你喊不醒一个装睡的人，鸡蛋只有由内到外突破才能孕育出新的生命。有了成长的意愿，我们要做好至少五年的职业愿景规划，埋头去做，把汗水洒下去，终有一天会有收获，也许不是今天，不要过多地问收获，只把当下做好。

其次，要有成长的路径。教师的成长路径是什么？闫老师讲得很明确，那就是阅读和写作，它是教师成长的双翼。阅读像呼吸一样自然，是远方的光亮。如果你感到迷茫了，如果你感受不到生活的乐趣了，如果你碰到困难解决不了了……这都是在告诉你，该阅读了，阅读是解决生活烦恼与困难的"灵丹妙药"。写作在常人的眼里是枯燥的，是烦心的。尤其是我，害怕写，常常不知道写什么，怎么写。闫老师说写作不是语言的堆砌，而是思想的表达。如果你没东西可写，说明你的思想枯竭了，思考力缺乏，还说明你该阅读了，你的生活需要积淀了。

最后，要有方法。阅读和写作是成长的路径，可在这条路径上要想走出属于自己的一片天地也是有方法的。闫老师提出一个优秀教师应该具备三个板块的知识结构：一是精深的专业知识，二是深厚的教育理论基础，三是开阔的人文视野。读书要有选择，不是想看什么就看什么，真正有效的阅读是需要量身定做的，是需要书单的。身处信息大爆炸时代，很多知识充斥在我们的眼前，我们的精力有限，如果不加选择，会有种"乱花渐欲迷人眼"的不知所措。闫老师提到非经典不读，要有坡度地阅读。我觉得没能做到上句所述也是限制我发展的最大瓶颈，我喜欢看书，也陆续看过不少书。可这些书都让我汲取了多少营养？真的很有限，原因之一是我阅读的浅表化，只追求一种情节性的快感，没有进行深层次、有分析、有思考的阅读。另一个原因是选书有较大的局限性，只看自己爱看的书。我记得曾看到这样一个比喻，看书如同吃饭，不能只根据自己的喜好来吃，而要根据身体营养需要来选择，该吃什么，不能吃什么，必须要清醒认识，理智对待，否则久而久之，必将营养不良。闫老师给我们提供的四种读书方法非常实用：一是读中有写，二是好书重读，三是叶脉式阅读，四是阅读当克期。闫老师还提到了教育写作的三个阶段：以教育叙事为主的随笔与案例写作，以读书随笔为主的自由写作，以教育教学研究、教学反思为主的专题写作。

闫学老师是著名的教育学者，是小学语文的引领者。她有文人的书卷气，温文尔雅，也有教育人的执着劲，研究苏霍姆林斯基，研究绘本教学，研究高阶阅读教学，研究教师成长，她的报告既接地气，又高屋建瓴。她就是一束光，照亮了我们一线教师成长的路。

三、一群伙伴，教育路上的同行者

因为一个人，我们来到一座城；因为一个目的，我们有了美丽的邂逅。15位学员，10个地区，我们齐聚在濮阳实小。在这里，我们感受着教育的真谛，见证着彼此的成长。我们是同行者，共同追求成长与蜕变；我们是求知者，吸收教育沃土的营养，传递教育的能量。从成长的意愿来说，我们有了共同的目标，但从拥有的实力来说，我们却不尽相同，我感受到了同行伙伴的优秀与认真，我看到了自己的差距与不足。

按照工作室学习任务安排，学员得准备一节微课。接到任务后，我搜索了解微课的特点，并构思设计微课，仓促上交微课课件。李老师审核学员的作业后，发现存在的一些问题，随即补发通知，并附加了一份案例，我又重新选题设计，选择了四年级的一篇课文《蝴蝶的家》，这是一篇略读课文，有一定的教学难度，该单元又是教学策略单元，培养学生的质疑解疑能力。如何处理教学策略单元，如何进行略读课文教学，对于这些，还没有明确的方法。在设计教学过程时，为落实导读中提出的培养学生提出问题、分析问题、解决问题的能力，我采取小组合作学习的方式。小组合作学习如何组织，如何在组内有效深入学习，学习后如何进行全班交流，尤其是在全班交流时教师怎样把控才能做到收放有度，这些都是我在教学中的困惑。问题不能回避，必须面对，我迎难而上，还是毅然决然地选择了这一课。带着忐忑，带着茫然，带着不自信，我走上了微课讲台。结果如我所料，因为准备不足，我没在预定时间内完成任务，教学过程只进行了一半，时间就到了，而且课堂上没有太多亮点与特色，没有给大家留下特别印象。通过这个环节，我得到了两个启示：一是做事情还是需要精心准备。展示微课的其他教师，有的课件制作精美，有的流程设计巧妙，有的时间把控完美，有的教学功底深厚……每个人都有自己的特点与亮点，让我看到了他们做事的认真。在观摩他们的同时，我也在内省自己的不足。二是在备课时，应对每个教学环节有时间预设，只有预设充分，教师才能更好地把控教学，课堂教学效果才会最优化。

微课展示让我看到了伙伴们的课堂教学实力，观课评课又让我感受到了他们丰厚的教学理念与积淀。张志华老师评课像写诗，语言优美，观点独到，让你不自觉地感受到课堂的诗情画意，感受到语文教学的美好；班长曹卫振的评课让我们看到了他厚重的积淀，厚实的语文素养，汉字浓缩了中华文化，它是一门学问，更是一本难啃的厚书，可曹班长信手拈来，出口成章，他通过评课环节给我们上了一节汉字溯源课；副班长王淑兰温婉大气，歌声嘹亮；年轻的张俞老师谦虚好学，极具成长力；鲁慧霞老师虽带着孩子，但事事不甘落后；来自信阳的老乡方媛媛、袁登芳、熊志晗，他们或富有激情有灵气，或干练睿智有思考，或沉稳大气有深度……每一位学员都是独特的个体，都是优秀的，他们的出彩不断鞭策、激励着我奋勇前进。

　　做一名优秀的教师，绽放自己，成就学生，一直是我的梦想！课堂是我绽放的舞台，是我成长的起点。可因为这几年的工作安排，我离课堂越来越远，每每想到一个教师在课堂上站不稳，站得没底气，我就有些惶恐，心里有些空落落的。还好，一切还不是太晚，我回归了课堂，我幸运地融入了中原名师李桂荣工作室，幸运地遇见了这些教育精英们，因为这场美好的遇见，我对自己的课堂也有了美好的期待，对自己的教育生涯又有了一份憧憬。带着这份憧憬，带着思考，带着实践，希望课堂能绽放光彩，自己的教育之路能留下花香！

守初心相聚濮阳，遇名师潜心向学

新乡市卫滨区平原镇育英小学　赵　娟

10月的濮阳，优雅、高洁的月季盛放，花香溢满大街小巷，在这个收获的季节，作为中原名师李桂荣小学语文工作室省名师省骨干教师培育对象的一员，我开启了一段新的学习旅程。

一、品鉴行走间的阅读

10月12日一早，初升的朝阳照耀着濮阳市实验小学。校园的木瓜树下，一群朝气蓬勃的学生打着手鼓、弹着吉他，他们用歌声迎接来自全国各地的教育同人。

操场上，身着节日盛装的300余名师生，用大型舞蹈以快闪的形式为来宾展示了濮阳实小的热情与风采。教学楼上，学生挥舞着彩旗表达对客人的欢迎。德育长廊、校园路绘、楼梯间、水文化浮雕、水文化园厅、水韵班牌……在小解说员的带领下，我们漫步校园，感受着这所被"水文化"滋润着的学校，无处不彰显着阅读带来的魅力。

若水讲堂里，座无虚席。魏存智校长是一位有思想深度、有教育情怀、有大爱智慧的教育人，他"文化育人"的管理理念非常值得我们学习。魏校长的报告《行走阅读，水韵书香》加深了我对这所学校的认识，对"化水为德、聚气成魂"的水韵文化也有了更深的了解。接下来，教育戏剧、辩论会、社团风采、"真人图书馆"、朗读者、绘本剧……一个个精彩的成果展示，让我在惊叹的同时，也深切感受到师生把阅读这件事儿当成了一项工程，一项意义深远又颇具时代特点的育人铸魂工程。

"真人图书馆"是我认为最有新意、创意的活动。老师是教学活动的组织者和实施者，他们每天都在和学生打交道，或鼓励，或批评。"真人图书馆"用了一种全新的谈话访谈方式，既讲述了老师的教育故事，又拉近了同事之间的距离，更分享了大家从教的快乐和教育的智慧。辩论会上的唇枪舌剑、妙语连珠非朝夕之功，学生观点明确、阐述精准，赢得了台下观众的阵阵掌声。绘本剧《糟糕，身上长条纹了》和教育戏剧《城南旧事》，是学生通过表演呈现出的另一种阅读形式。俗话说："台上一分钟，台下十年功。"看似简单的舞台表演，其实倾注了老师和学生太多的心血。我想他们享受的不仅有来自观众肯定的掌声，更有团队合作的快乐，享受着从青涩到成熟的改变，享受着创新带给他们的惊喜。特别是绘本剧《糟糕，身上长条纹了》，真正让阅读"立"起来，这是对学科融合的创新和探究。

"水韵实小"就是这样于有意与无意间，将阅读的种子根植学生的内心，学生在享受阅读的同时，饱尝着知识的甘甜，学会了待人接物，学会了与人交往，学会了明辨是非，学会了如何正确认识这个可爱的世界。

二、品读专家的深度分享

闫学教授是一位散发着丁香般的香气，又充满着管理者的睿智，集智慧与美貌于一身的江南美女。

10月13日上午的若水讲堂，闫学教授的讲座《阅读与写作——教师专业成长的向上天梯》为时整整三个小时，闫校长也整整站了三个小时，这怎能不让人心生敬意？但更让我惊叹的是她的知识结构、思想深度和独到的教育理念，以及她独特的人格魅力。我已经被她圈粉了。

讲座由两张好莱坞明星照片引入，在大部分人的思想意识中，明星与阅读似乎是有一定距离的，他们在耀眼的光环之下，还能与书为友、与书相伴吗？是的，原来她们也是极喜爱阅读的人，她们迷人的气质散发着淡淡的书香，浸透着浓浓的书味。爱阅读的人是美丽的。接下来，闫校长着重分享了一个好老师应具备的五个特质：第一，把工作当成事业，而不是一个职业；第二，不断突破自我，拓展新的发展领域；第三，耐得住寂寞，至少沉潜数年，打造自己的专属教育品牌；第四，拥有自觉意识，主动出击，在没有机会的情况下不断给自己创造机会；第五，拥有博大的胸怀和格局，将心神聚焦在美好的事业上。对照自己，我不禁心生惭愧。

讲座中，闫校长还与我们分享了她的成长史。"阅读""写作""改变"三个普通的字眼成就了她。她靠的是什么？是她的努力、勤奋，以及超强的行动力和执行力。阅读就像远方的光亮，指引着我前行的方向；写作是通往向上的天梯；做出改变，勇敢地跨越。这句话鞭策着我，不禁自问，当下的自己应该怎么做？做什么呢？阅读！通过深度阅读，丰富自己的专业知识，丰厚自己的教育理论基础，开阔自己的人生视野。

三、品赏精彩的互动交流

10月13日下午，濮阳实小的录课室里，一场微课展示，让15名学员展示了自我：既有低年级的趣味阅读，又有高年级的深度品读；既有扎实的生字教学，又有有趣的写作指导。同伴们扎实的教学基本功、沉稳的教风和对教材、对教法的精准把握，让我惊喜连连。微课展示后，工作室核心成员宋彦菊老师为我们做了精彩点评，这场有温度、有深度的点评加深了我对微课的认识，也让我对照反思了自己的微课。

团队建设离不开高效的组织力，我们的"领头雁"李桂荣老师，从提升综合素养和开展课题研究等多方面加强工作室的队伍建设，把学习提升具体化，通过开展心得、感悟、反思等撰写活动，引领有效阅读。课堂是研究的根本，离开课堂的研究只能是无根之木、纸上谈兵，工作室的老师们扎根课堂，听课、评课、磨课、赛课……丰富多彩的活动，帮助教师树立自信、丰富内涵，引领团队专业成长。从李老师的分享中，我能够感受到她和工作室团队成员的幸福感、满足感和成就感，但是她们背后的付出也着实让我赞叹和敬佩！

"强优势，补短板，抢时间，做一名有思想的老师。"这是李老师对我们提出的要求，也是希望。我想，任何时候开始都不晚，不要给自己的失败或平庸找借口,只有真正努力,真正行动起来,才能让自己走得更扎实,走得更远。

四、品评扎实的课堂教学

10月14日上午,濮阳实小的闫昱臻和彭芳慧两位老师分别为我们呈现了两节精彩的语文课。闫老师执教的是四年级上册第二单元习作指导《小小"动物园"》,彭老师执教的是二年级上册第9课《黄山奇石》。我不禁要竖起大拇指为她们点赞,为她们扎实的教学基本功点赞,为她们的课堂驾驭能力点赞,为她们的精彩呈现点赞,更为她们所在的优秀团队点赞!

闫老师的习作课,教学环节层层深入,教学方法使用恰当,重难点突破有效。给我印象最深的有三处:第一处是闫老师为学生设计的习作导学单。习作导学单上有两个模块,最终要通过学生自行填写完成两个梯度的基本写话训练。学生的完成度非常好,这得益于教师课堂上的循循善诱和细致有效的方法指导。第二处是学生的学习状态积极良好。闫老师通过有效的点拨和恰当准确的评价,带领学生在不知不觉中习得了方法。由于老师给出的话题都是学生熟悉的家人和生活场景,所以学生一下就打开了话匣子,他们想说、敢说、会说,比较准确的语言表述和精彩到位的模仿让接下来的写作环节水到渠成。第三处是学生训练有素。体现在学生回答问题时声音洪亮、毫不扭捏,能够完整地交流表达。训练有素还体现在他们敢于对同伴的习作给予评价,真诚而有效。这些都绝非一时之功。对于闫老师的这节习作课,我也有自己的思考:讲评习作环节,是最能考验一个老师的基本功和教学智慧的,有时可能只是一个词语的准确使用。比如有个孩子在写自己的哥哥时,用到了"柳叶眉"这样的字眼,一般情况下,"柳叶眉"是对女子的描写,在这里可以引导学生改为"剑眉",用在男孩子身上,更添了几分英气。我们的课堂就是要把每个细节做扎实,把准确的知识传授给学生,把恰当的方法给予学生。

二年级,识字教学是重点,彭老师的这节课就充分体现了这一重点。本课的生字教学由预习单引出,预习单算是课前作业,内容有对课文内容的基本了解、对生字词的认读和练写等,这样的预习单很好地解决了学生不知道怎么预习、预习哪些内容等问题。课堂上预习情况的交流汇报是一个亮点,先由三人组成的学习小组组内交流,小组成员分工明确,根据预习单的内容依次汇报,每个成员都有发言,语言规范,训练有素。通过之后李玉萍老师的点评知晓,学习小组也是精心安排的,三人中学习能力和成绩分别处于班级优、中、学困的水平,这样无形中就形成了一个帮扶小组,既能帮助学困生,又能培养团队的合作精神。这节课最大的亮点是写字教学的六步指导,特别是最后两步的二度训练,彭老师做得非常扎实。课堂的美就在于它永远是不完美的。对于这节课我有三点想法:一是在评价同伴时,可以引导学生先发现同伴的优点和值得自己学习的地方,再提出希望同伴改进的建议,而不是一味地指出"这一笔写长了,那一笔写斜了"。二是教学环节设计,能否多融入一些对文本初读的检测,第一课时应当把课文读正确,加强对文章的整体感知。三是加强朗读指导,培养语感。如"'黄山'奇石"或"黄山'奇'石",前者强调"黄山",后者强调"奇",重读哪个词,所表达的意思就不一样,留痕的指导会更有效。

　　课后的评课分享精彩异常,学员团队真是卧虎藏龙,他们的交流真知灼见,妙语连珠,中肯而犀利。工作室成员李玉萍老师在点评中对统编教材目标的讲解鞭辟入里,我颇有同感。首先学段目标要明确,一年级就做一年级的事,五年级就完成五年级的学习任务,不要揠苗助长,也不要低估了孩子们的能力。其次要注重双线,即人文目标和语文要素。这部分内容就体现在我们教材的篇章页里,也是单元目标。最后是课时目标,每节课要干什么,从课后练习题就能找到答案。

　　听课是一种学习,也是一种享受。每节课都有其闪光点,也会有遗憾,但恰恰是这些,才促使我们积极反思,在反思中积累,在反思中沉淀,在反思中成长。

五、品味回甘的研修学习

　　"培训期间每天一篇1000字的心得体会,学习结束后撰写一篇5000字的研修报告,展示一节微课,点评课堂教学……"这是我们的作业。刚刚进入研修学习状态的我，也曾私下抱怨，也曾试图取巧，还想过跟李老师讲条件……然而，接下来的我，被学习的内容深深吸引，被专家的报告深深打动，被实小的文化魅力深深折服，被暖心周到的服务深深感动，内驱力就这样被激发了！每晚，灯光下的我愉快地敲击着键盘，有所得，有所感，有所言，1000字的心得体会无意间已超数量完成。交流时，本想只说几句，可是话匣子一打开，就有说不完的话，思维和认知在交流碰撞中提升。我们在这"苦"中品出了"甘"，"涩"中悟出了"畅"，我们在这"苦涩"的研修中正慢慢成长进步，丰盈着自己。我确信，我已经喜欢上了这"苦涩"，这就是"痛并快乐着"的感觉吧。

几天的跟岗培训，眨眼间就结束了，但是留给我的关于对教育和教学的思考，却一直萦绕在脑海，更加坚定了我的教学方向和努力方向。任何时候都不能轻言放弃，要相信自己，不断鞭策自己。潜心向学，纸上得来终觉浅；奋力提升，绝知此事要躬行。愿我们在教育的道路上且行且成长。

善泽万物，教育同源
——中原名师李桂荣工作室省名师培育对象研修活动

河南省实验小学　王　峥

"您予我一碗清水，我会赠您一夏清凉。"三毛说过，你遇见了谁，被温暖了一下，都是美好的风景。在美丽的五月，我们抱着一颗学习之心来到濮阳实验小学，静下心来开始为期三天的培训学习。

一、水润万物，净化心灵

走进校园，四棵造型美观、枝繁叶茂的木瓜树映入眼帘，校园内到处绿草如茵，绿树掩映，一种洁净优雅的感觉扑面而来。葡萄架下有一个长廊，挂满了社会主义核心价值观解析标语及校园好少年的宣传图文，想必每个少年从此路过都会心生自豪感。教学从点滴水韵文化做起，以情动人，以情感人。我曾经参观过不少学校，每个学校都有不同的文化构建，但是濮阳实验小学的水韵文化一下子惊艳到了我。水至柔，却柔而有骨，对信念执着追求不懈，令人肃然起敬。独特的校园文化管理彰显学校润物细无声的教育特色。学校培育学生有两条主线：悦读润智，行健慧生。濮阳实小重视学生的读书和运动，体现了"读万卷书，行万里路"双向发展的理念。随处都可以感受到校园的整洁、雅致，又不失个性，学校的每一条走廊、每一面墙壁，甚至是脚下踩着的地板砖，都无不体现特色教学的水韵文化氛围。

1. 匠心独具，彰显水韵特色

左手边科技楼上醒目的八个大字"化水为德，聚气成魂"，告诉大家这是一所水韵文化的校园，水润万物又水滴石穿，水柔软而又有韧性。上善若水，掬水留香，善水润德，激水之滟。"水之德，师之魂，悦读润智，行健慧生"，点点滴滴细致入微，一步一景皆是文化。

2. 严谨细致，体现敬业精神

第一天，参观日正逢周一升国旗，令我惊喜不已的是一年级学生的升国旗仪式，小主持人不卑不亢不紧张，演情景剧的小演员们沉着冷静、精彩演绎。濮阳实验小学领导班子成员非常重视此次跟岗培训。在中原名师李桂荣省名师培育对象研修活动开幕式上，徐相瑞校长热情洋溢地致辞，徐校长说："李桂荣校长的工作室，就是促进教师拔节成长的一个优秀的研修平台，在推进校本教研开展和深化教学改革、促进教师交流研讨、发挥名师骨干辐射带动、推进河南省中小学梯队攀升体系建设等方面发挥了积极的作用，本次研修活动安排得很丰富，有参观，有专题报告，有微课展示，还有听课评课等，相信大家会有新的收获和成长。预祝本次跟岗培训活动圆满成功。"接着，中原名师工作室主持人李桂荣校长发表讲话，并语重心长地对我们几位研修对象提出了希望。而后，窦主任带领大家参观校园：办公室里，老师安静地备课批改作业；教室里，同学们认真地上课，时不时传来朗朗的读书声和优美的歌声；操场上，师生在欢快地游戏，30 分钟的课间操，眼保健操、现代舞蹈律动、笠翁对韵古典舞、体育运动操，四种不同的运动让学生的身心得到放松，几千个学生动作整齐划一，变队换队很有秩序；展示课上，教师生动实在的教学开阔了学生的思维，教学氛围和谐。教师与学生的照片墙处，有对老师和学生的日常行为赞美之词，老师们一边参观，一边赞不绝口。我们由衷地赞叹：水韵实小的人文关怀，老师工作是快乐的，学生成长是开心的。展示厅里，窦主任自豪地侃侃而谈，将平时德育工作的方法毫不保留地与参观者分享：通过对已经产生成效的"家长岗位职责"的集中培训，引领家长提升素质，发挥家校互动的积极作用。参观学习的老师感悟很深，我的思想也产生很大触动。他们独具特色的校园文化值得我们去学习、借鉴。

3. 硬件设施，令人无限向往

学校的硬件设施很好，足以显现出领导团队对办学的大力支持。四楼的创客空间，有航天科技的模拟操作舱，足球、篮球、舞蹈等社团活动室，党团活动室、少队部等，各种功能室总体布局一目了然、科学合理。实小师生花费心思布置校园的精神值得我们感叹。

4. 文化立校，激发学习热情

崇高的立意，浓厚的水韵文化氛围，是学校几任领导齐心协力、真抓实干、智慧创新的结晶。行走博物馆、科技馆、水文化主题圆厅、漫溯图书馆，更有尚书房读书室，用文字诗联串接而成的水韵文化长廊等浸透着浓浓的书香气息，其感染性、号召力使广大师生在潜移默化中得到熏陶。

二、水流至柔，柔而有骨

按照中原名师工作室主持人李桂荣校长的培训方案，第一天下午，我们五人各自准备了一节微课，工作室成员宋彦菊主任对五节课做了点评，并指出需注意的几个问题：第一，处理好有和无的问题。场上无学生，心中有学生。第二，教师课堂语言简明准确的问题。教师手势和表情要到位，达到声情并茂，加强语言训练，要有趣味性。第三，教师基本功的问题。教师的板书要规范，真正起到示范性，发挥自己的特长与优势，扬长避短。第四，切入课题要快，迅速入题，学会抓题眼。第五，教学设计很关键，关注语文要素，关注学生实际情况，对各个年级课程设计点要精准。宋主任强调，现代社会高速发展，速成的东西很多，但是我们的课堂训练不能速成，要扎扎实实进行听说读写的训练。

第二天上午，工作室两位年轻教师代表彭芳慧、闫昱臻给我们带来了两节实验小学课堂改革以来的观摩课。彭芳慧老师的《蜜蜂》第一课时以任务为驱动，通过一个个课堂活动让学生在读中学、在习中练；闫昱臻老师的《"诺曼底号"遇难记》第二课时从单元语文要素入手，把课堂还给了学生，学生在读、找、说中抓住人物的语言和动作品悟到了哈尔威船长的高贵品质，老师顺势引导学生现场习作，运用学到的方法描写人物，表现人物品质。

课后，我发自肺腑地感慨：两位青年教师在实小领导团队的关怀下，在工作室那么多优秀专家的培养下，在水韵文化的滋养中，基本功扎实，文学素养高，课堂驾驭能力强，课堂训练到位，语言简练，两节课师生合作默契，共同完成课堂目标，达到行云流水、水到渠成的效果，我第一次感觉到语文课堂如此轻松愉悦。当然两位老师呈现出来的精彩，和她们课下暗暗下的功夫是分不开的。两位授课教师课堂设计"有情、有序、有趣、有品"，课堂指导学生分层次读得到位。佩服的同时向两位年轻老师学习，她们虽然年轻，但对课堂的把控能力很强；课堂上话语不多，真正把课堂还给了学生。

下午，工作室主持人李桂荣校长以"如何提升学生的阅读兴趣与能力"为题，给各位老师做了专题报告。李校长在报告中引经据典，先后提到不下十位教授专家的名人名言，足以看出李校长是一位认真细致、踏实努力的爱读书坚持写作的好导师。她一开始从统编教材编写的角度，分析了教材编写意图、编写特色和使用建议。阅读教学的目标是课内学习课外运用，引导学生进行课外阅读。我们要善于捕捉关键元素，准确把握编者意图，用好统编教材，引领学生爱上阅读，为学生的终生幸福奠基。接下来，从国家引领的方向、树立大语文理念、阅读兴趣的激发、阅读环境的建设四个方面做了详细分析和解读。

三、水韵文化，滋养身心

第三天上午，我们进行了结业培训颁奖典礼，沉甸甸的荣誉证书，满满的收获，满满的感动，满满的幸福。和蔼可亲的李桂荣导师谦虚低调的做人风格，认真严谨的做事态度，给我们留下了非常深刻的印象。李桂荣导师先给我们细读了培育方案，讨论制定了教师专业成长规划，然后布置了我们本学年网络研修的具体任务。李桂荣导师亲切叮嘱："你们在各自的岗位上都是优秀的老师，优秀带动优秀，今后一定要按照考核细则做好落实，用心学习，主动进步。要想成长，首先给自己一个内驱力，制定明确、清晰、合理的阶段性目标和具体的教研目标，坚持读书与写作，及时上传读书报告和教育教学随笔，积极参加线上学习与交流，积极承担课题研究，创新拓展交流平台等,以任务驱动促进拔节成长,相信你们一定会有更大的影响力。"听完李老师的激励,我感慨良多,想对李校长真诚地说:"非常幸运遇到李桂荣导师,非常开心赶上了本次培训列车,来到底蕴厚重的美丽的实验小学,结识中原名师李桂荣工作室的那么多成员,学到很多宝贵的经验,谨记李老师的期望,踏踏实实做好语文教学,兢兢业业进行听说读写的研究工作,让语言文字的魅力发扬光大,让满载大语文的知识列车行稳致远。"

此次参观学习时间虽然只有短短的三天,但是受益匪浅,既有勇往直前的拼搏动力,又留给我们很多思考的问题。边学边走,教学相长。"路漫漫其修远兮,吾将上下而求索",屈原的这句经典名言回响在我耳际,有导师的领航,有同伴的鼓励,有学习的平台,今后,只争朝夕,立即行动起来。

借研修之风，扬成长之帆

原阳县第一完全小学　李彩云

暮春渐远初夏来，最美人间五月天。带着对美好未来的向往，对自我成长的渴求，对中原名师李桂荣老师的仰慕，怀着朝圣般的虔诚，5月9日我踏上了中原名师李桂荣工作室2021年省名师跟岗研修之旅。于我来说，人生最美的遇见莫过于在此次省级名师培育过程中遇到了濮阳实验小学的李桂荣老师，遇到了李桂荣老师工作室向上向美的团队，认识在团队的滋养下，富有教育情怀，怀有教育绝技，意气风发的实验小学的教师们……这一切的一切都令我神往。一个强有力的声音在我心底响起，我也要踏着他们成长的足迹，一路寻觅，在教育之路上遇见最美的自己。

一直以来，在教育之路上的我虽努力，但却踽踽独行，过程充满了迷茫和困惑。怎样才能使自己沿着专业化的方向快速成长？怎样才能使自己的教育理想落地实践？5月10日李桂荣老师带来的报告《追梦，以奔跑的姿势成长》给我带来了全新的启示，也使自己的成长路径在眼前渐渐明晰。报告中，李桂荣老师以切身的成长经历和我们分享了她和团队一路汗水浇灌下的芬芳，使我深深震撼与感动：沿着既定的方向坚韧努力，结果便可以收获最绚丽、最美好的花朵绽放。

《左传》有言："太上有立德，其次有立功，其次有立言。"新时代对广大教师提出了要求：做有理想信念、有道德情操、有扎实学识、有仁爱之心的"四有"好教师，其中有三项围绕一个"德"字展开，可见，作为教师，"德"是立身之本，是为人师表的根基。作为一名教育人，我深深热爱教育事业，深深热爱并尊重我所遇到的每一个学生，我想我具备了作为一名合格教师的首要条件——有德。

但，我是否具备了在当今复杂社会环境下求得一片教育净土的格局和境界？这对我来说还是巨大的考验，如何应对挑战？我想唯一使自己增德修身的首要条件便是不断地学习，在实践中学习，在学习中成长，在创新中突破。既要向身边的无字之书和有字之书学习，又要向周围的一切可学之师学习，甚至学生也可以成为我的老师。唯有时刻把自己当成一个渴望进步的学生，用谦虚上进的心态应对一切，我才有可能真正取得教育事业上实质性的进步。

如何才能在教育生涯中华丽转身？李老师在报告中语重心长地指出，作为教师，除了要加强教育教学理论的学习和书籍的阅读，还要在阅读量与广度上有所突破，建构专业知识体系，提升理论基础和文化素养。报告中李老师所提及和推荐的每一本书对我来说，都如甘霖雨露。李老师在报告中着重分享了读书对她的影响，她借用俄国作家鲁巴金的一句话"读书是在别人思想的帮助下，建立起自己的思想"来告诉我们读书对于一个人思想的影响。闫学老师的那句富有温情的贴切比喻：让读书像呼吸一样自然，告诉我们读书对于生命的重要意义，对于渴望进步的人来说，读书应该也必须成为生命当中不可分割的一部分。

作为中原名师工作室的主持人，李老师带领工作室成员进行主题式阅读，一学年实现阅读十几本书，同时包括学校所订阅的《河南教育》《基础教育论坛》《语文建设》等杂志，带领工作室成员乃至学校教师在读书中汲取教育思想，把握教科研样态，他们所呈现出的阅读和学习状态，正如李老师所描绘的一样：追梦，以奔跑的姿态成长。这使我深受启发，并暗自下决心，要读起来，要迎头赶上，要用勤勉和自律向榜样学习，向名师看齐。报告中，李老师以一个名师专家、长者和亦师亦友的身份与我们分享了一个教师要实现专业化成长的几条重要途径。她说，一个教师应抱着谦卑的心态更新理念，积极参加集中培训学习，广泛吸纳先进的教学方法，在培训中求提升，促进并带动其他老师专业成长。

李老师所描绘的开展学术研讨活动，对于来自小县城的我来说机会却很少，如何使自己能够有机会参加学术探讨活动，如何在学术探讨会上有自己的一席之地，我相信，充实自己的学术涵养是首要条件，只有先使自己强大，使自己拥有丰富的知识储备，当机会来临时才能够抓住并展示自己。一个教师想要获得专业成长，在科研中求得突破是一个重要途径，对于怎样开展有效的课题研究，李老师也给我们列举了所开展研究的经验和实例。李老师通过她的团队所研究的省市级课题告诉我们，要善于筛选在教育教学探索过程中所遇到的有价值的问题和难题，并把这些问题和难题加以整理，作为研究的切入点开始着手实践。这一过程是不断将理想付诸实践，在实践中探索整理，在知中强化行，在行中落实知的不断反复验证的过程。经过如此反复的实践和整理，课题研究的雏形便会慢慢初具，在研究的过程中教师的专业化成长自然得以实现。

李老师在报告中特别强调，一位教师要想实现突破性成长，最重要的是要注重教育写作。她说，做你没有做过的事叫成长，做你不愿意做的事情叫改变，做你不敢做的事叫突破。写作对于我来说，既是我没有做过的事，又同时是我不愿意和不敢做的事，但是现在我愿意做出改变，在改变中成长，在成长中突破。读书和写作对于教师来说是成长的双翼。省基础教育教研室领导说：一定要坚持下去，突破艰难的关口，教育写作是靠自己来成就自己的事情，这一过程是自己与自己对话，也是自己与孤独相伴的过程。在这一过程中，我们要学会凝神聚气，学会享受把思想流注于笔端的快感以及忍受思维枯竭时的煎熬，写作于我来说是莫大的智力和毅力的挑战，也是成就自己教育事业最关键的一环。所以，教育路漫漫，我愿意与写作相伴，愿未来，我与写教育专著的目标日益靠近，就算此生不能及，但靠近目标的快乐，享受写作的过程中依然使我神往。

追梦，以奔跑的姿态成长，这是中原名师李桂荣老师教会我的。对于我未来的教育成长之路，我愿借研修之风，扬成长之帆，向着李老师所指引的方向坚持前进。

感恩相遇，潜心研修促成长

平顶山市新华区联盟路小学　王淑琴

2022年9月，我带着更新理念、开阔视野、提升自己的渴望，怀揣欣喜与憧憬，有幸参加了中原名师李桂荣工作室省级名师培育对象研修活动。

回想过往一年的研修培训历程，点点滴滴，历历在目。在李桂荣老师的引领下，研修学习，认真聆听了专家报告，参加跟岗学习、网络学习、主题讲座活动，专家们前沿的理念、广阔的视野、渊博的学识无不震撼着我的心，研修培训让我收获满满。

一、集中研修，学有所获

阳春三月，我有幸来到河南师范大学参加了"2022年依托中原名师工作室培育省级名师培训项目"集中研修学习，通过研修学习我深刻认识到教师个人的成长迫切需要浸润新的教育思想，懂得了今后该如何用心做学问、用情做教育。班主任李文博老师从一名中师生脚踏实地逐步成长为一名大学教授的不凡经历带给我的震撼，让我明白努力奋斗才能创造奇迹。未来，我们需要踔厉奋进，不负韶华。

二、跟岗研修，惊艳震撼

丰收在望的五月，我辗转乘车 6 小时抵达濮阳市，参加中原名师李桂荣小学语文工作室 2022 年河南省名师培育对象跟岗研修活动。充满仪式感的开幕式之后，我们 5 名学员面对县区近百人的年轻教师，讲授了关于整本书阅读的微型课。反思我自己的这节课，备课时也曾和同事沟通请教过，教案经过几次修改，但是总感觉对整本书阅读指导课的概念理解得不够透彻。对于写过的教案不熟练，上场需要借助提示稿才可以讲出来。教案设计需要深入推敲，每一个环节更需精心构造。如果课前有较充足的时间进行试讲，效果更好。一个人的成长，关键看和谁在一起，与优秀的同学、老师在一起，我会继续努力向上成长。

三、网络研修，开拓视野

为了充分发挥中原名师的辐射、引领和带动作用，根据中原名师李桂荣小学语文工作室培育省级名师工作的计划安排，我和小伙伴在云端先后参加"河南教育家书院名师名校长高端论坛""河南教育家云书院卓越讲堂"等一系列网络研修活动。每一次的网络研修活动，我们都积极响应，准时聆听，翔实记录，在云端进行交流、分享，收获颇丰。

10 月 20 日晚 7 点在云端，我和小伙伴参加河南教育家云书院组织的卓越讲堂第二季第九讲。本次卓越讲堂的主题是"促进教师专业发展走向卓越的路径——教育写作"，主讲人是我们可亲可敬的李桂荣老师。李老师不只是自己热爱阅读，还带领工作室成员和学校教师一起阅读，共同提升自己的专业素养，积累教育理论知识。李老师更是利用一切时间去积累、写作，并耐心鼓励工作室成员排除一切困难积极投入到写作中来。目前带领团队教师已出版著作 5 部，还有 2 本书正在物化过程中。

教育写作真的不是一蹴而就的。写作应注重日常的反思积累。李老师用她敬业、专业的独特魅力深深影响着我。我重新审视自己，发现在省级名师培育过程近 10 个月的时间里，写了将近 4 万字的研修报告，把它整理打印出来，发现已是厚厚的一摞，很有成就感。同时我发现自己写的文章，无论是叙述风格还是布局谋篇都有了较大改变。写作心态也发生了变化，少了忐忑，多了从容。

幸运与李老师相遇，在李老师的一路专业引领之下，不断审视自己，不断寻求突破，不断超越。

四、研读专著，丰盈自我

阅读是一场没有终点的学习路程。学习是一个永恒的话题，教育是一个充满挑战和机遇的领域。

结合工作室的要求和个人发展规划，我们小组成员每月读一本书，并认真做读书笔记，撰写千字以上读书心得6篇，完成读书报告3篇，促进了理论素养和专业素质的提升。在培育过程中，通过个人研读、集体阅读、交流心得等多种方式共读了《教学的模样》《让学生站在课堂中央》《普通教育学》《让成长花开有声》，最近还自读了李桂荣老师的《教师阅读：浸润成长的力量》、闫学老师的《给教师的阅读建议》等教育专著。在阅读的过程中我感触很深：作为教师，应该进行深度学习，以提高学习的水平和施教的能力，在教育实践中实现专业成长；作为教师，要学会思考，学会阅读，学会写作。

五、主题讲座，淬炼风格

芳菲如画的六月，我与工作室成员相聚云端，开展系列主题研修活动，分别围绕高年级习作教学、整本书阅读、有效幼小衔接、口语交际教学、教师专业写作五个方面进行了持续一年的实践与研究，形成了五项各具特色的校本课题。其中我分享了"核心素养导向下的小学语文口语交际教学探究"专题，从口语交际教学的重要地位、统编教材口语交际编排特点、口语交际教学策略三方面详细解读，让老师们对统编教材"口语交际"板块有了系统认识，对各年级口语交际的重点和策略有了清晰定位。为核心素养导向下的口语交际教学引领了方向。

六、交流分享，成果丰硕

一年来，李老师春风化雨般的智慧引领，悉心指导，督促我一直朝着优秀努力。在学校"名师优课"系列活动中，我进行了"相约师大，预见美好"的专题讲座分享；我主持的市级课题"中华优秀传统文化融入小学学校教育的实践研究"成功立项；我的文章《心怀梦想，向阳而行》在平顶山市2023年"名师正能量读书"主题评选活动中荣获二等奖；我参加平顶山市新华区"心理健康教育活动课程"的供稿和编写工作；我带领教学口两位主任组织策划"新华区联盟路小学学生第三届清明诗词大会"，在区域内产生深远影响。2023年9月，我被评为河南省名师。

得遇良师，人生至幸。幸运的是我们与中原名师李桂荣老师相遇，回望省级名师研修培训历程，期待、憧憬、感动、幸福溢于言表。从3月底的河南师范大学集中研修，撰写研修报告，专家引领网络研修，小组内主题研修，到5月中旬的濮阳跟岗研修之行，受益颇丰。无数个夜深人静的夜晚，在书桌前认真阅读学习，翔实记录，无怨无悔。笔记的字数逐日增长，自我的成长日渐充盈。有时候李老师凌晨还在群内回复着我们的问题，鼓励我们的做法，内心的钦佩油然而生。我很幸运，感恩我们在李老师引领下，不忘初心，坚定目标，幸福成长。

有缘的人总会相逢，有缘的人会不断相逢。只要我们用心，研修定会助我们乘风破浪，收获更多的希望和成功！培训给予的清泉，我会倍加珍惜，并将名师培育过程当成一笔宝贵的财富珍藏。

今后，我会更加严格要求自己，加强学习，提升教育理念，提高自己的知识底蕴和业务水平，并在自己的工作中努力尝试。从能够改变的地方开始，不仅使自己变优秀，也带领身边的人向着卓越迈进！

亦学亦研亦反思，且教且行且成长
——大单元教学的学习与实践

平顶山市湛河区东风路小学　王向丽

2022年10月，我非常荣幸成为2022年省级名师培育对象的一员。对我来说，名师既是一种荣誉，又是一种追求，追求专业的提升、追求共同的发展、追求教育生涯的无悔。一年多来，在中原名师李桂荣老师的引领下，我多次参与学习研修，凭着对教育事业的挚爱和执着，努力工作，敬业爱岗，乐业奉献，不断加强师德修养，不断学习反思，沉淀自己，丰富自己，努力做学生喜欢、家长认可、学校满意的人民教师。

一、专家讲座，拨开云雾见晴天

2023年3月，我有幸作为省名师培育对象在河南师范大学的培训项目中集中学习。聆听了多位教育专家的精彩讲座，其中北京教育学院中文系朱俊阳老师的《学科核心观念下的小学语文单元教学》给我留下了深刻印象。从中明白了单篇是点，是基础，而单元是面，是整合，是对相同点的提炼；大单元教学要分析单元背景，确定整个单元的核心观念，整合单元目标，预定单元结果，确定合适的评价证据及学生的学习体验。在大单元教学上，可以打破原有教学文章的顺序对教学内容进行灵活调节，结合学生的身心发展规律和实际学情，丰富教学内容，构建出科学的教学规划，提升课堂教学效率。

二、课堂实践，探索发现见真知

2017年，在郑州"名家论坛"学习中接触到了单元整合教学方式。专家讲到把单元的教学内容整体化、系统化，让学生建立一个完整的知识体系。我对单元整合教学开始产生了浓厚的兴趣，返岗后立即在所带四年级语文教学中实践。我打破常规教学，首先把整单元的生字词放在一节课上完成，让同学们课前先预习，课堂上再反复读记、重点点拨、组词说话、释义解析、指导书写等，一节课紧凑又高效。然后，每一课再用一课时阅读、感悟，学习文中蕴含的道理和写作方法。在课堂上，我抓住课文主线，引导学生自学质疑、发现探究、合作学习、交流表达等。一单元结束时，针对整个单元上一次整体梳理课，比如，在"动物"主题单元，我引导学生梳理单元课文中出现的动物及它们的特点，引导学生有理有据地辨析理由，再寻找作者写作的秘诀。从单篇课文教学到单元整合，通过归类、对比、列举让学生明晰了解单元主题、单元重点及学习方法。

那段时间，我忙碌着，思索着，实践着，也见证着学生的成长。突然之间，发现他们一个个是那么优秀，课上、课下总会不断给我惊喜。我也以单元整合的教学方式讲了多次观摩课，受到了一致好评。

直到2022版新课标颁发，在学习中我才发现大单元教学和自己之前所做的单元整合教学极其相似，可谓是异曲同工。

三、观摩学习，听评课中悟真谛

2023年5月，在中原名师李桂荣老师的组织下，我作为省名师培育对象走进濮阳市实验小学跟岗研修学习。在学习中，我观摩了实验小学孟玉威老师大单元教学《太阳》一课，真正明白了大单元教学的方法和路径。孟老师先引导学生从单元语文要素入手，让学生知道本单元的训练目标；再用视频去导课，激发学习兴趣；最后创设情境，通过学习任务群的形式展开教学。任务一是课文从哪些方面介绍了太阳，指导学生学习太阳的主要特点。任务二是探索太阳奥秘，争做讲解员。小组合作选一特点，用思维导图、自述、表演、绘画等多种方式交流太阳的特点。任务三是发现成功讲解的密码，引导学生学习课文的说明方法。任务四是初试身手，运用所学的说明方法练习写"中国天眼"。孟老师一步步引导学生运用自主探究、合作学习、展示交流、迁移运用等多种方式，完成了本课所对应的单元目标和任务。这节课有生活情境，有任务挑战，有探究乐趣，有知识发现，有同伴互助，有展示平台，符合核心素养下大单元教学的方式方法，我从中学到了很多可借鉴之处。

四、反思复盘，历练成长再实践

一路芳华一路歌，走着学着，反思着。蓦然回首，从单元整合到大单元教学，我对大单元的认知越来越清晰，越来越深刻。

1. 大单元教学是一个完整的教学体系

大单元教学构建了整体系统的知识体系，具有明确的素养目标，拥有一系列相关的教学内容和议题，这些内容和议题能够有机衔接起来，形成一个相对完整的教学体系。大单元是一种以某个主题为中心，将多个相关的单元或主题整合为一个较大的单元，形成完整的知识体系和教学系统，对学生进行深入细致教学的教学模式。它强调的是整体性、深度性和系统性，涵盖多学科知识内容，采用多种多样的教学方法，这些活动方式与教学目标和教学内容相匹配，旨在提高学生的学习效果，培养学生的创新思维和实践能力，以达到提高学生综合素质和能力的目的。

2. 大单元教学是整合的设计

大单元教学是在一定主题或话题下，以文本为核心，通过各种教学手段，将阅读、写作、口语、听力等各项语言技能有机整合的教学设计。大单元教学既可以是几个单元的调整再重组，又可以是一个单元主题的整组教学，还可以是学习任务群的单篇教学。

3. 大单元教学培养学生的高阶思维

大单元教学从整体出发，多角度了解知识点之间的联系，全面掌握知识点，帮助学生构建整体系统的知识体系，提高学生的综合素养。

至此，有了理论的指导，有了成熟的案例，我再次在我的课堂上进行实践。小学语文四年级上册第四单元以"神话故事"为主题，是在三年级上册童话单元和三年级下册寓言单元之后,第三次以文体的形式组织单元,编排了《盘古开天地》《精卫填海》《普罗米修斯》三篇精读课文和《女娲补天》一篇略读课文、习作《我和_____过一天》、"语文园地"、"快乐读书吧"这几部分内容。

我在深入研究教材之后,明白本单元的目的在于引导学生逐渐具有文体意识,明确各种文体的写作特点、表达方法,属于"文学创意与表达"和"整本书阅读"两个学习任务群。我从单元语文要素入手,根据学情,整体系统地设定单元教学目标、单元教学结构、单元特色作业、单元学习评价等,培养学生的学科认知、思维能力和语文核心素养。

在大单元教学设计的整体安排下,我抓住单元语文要素,设计学习任务群,引导学生抓住故事的起因、经过、结果,把握课文主要内容,感受神话故事中神奇的想象和鲜明的人物形象。再交流总结学习方法,感悟人物性格,对比中外神话故事的异同。单元特色作业为"乘坐时光机,开启神话之旅",以孩子们喜闻乐见的旅游形式展开,别出心裁的作业设计内容,体现了单元意识,环环相扣,层层递进。本作业聚焦语文学科核心素养,立足学生全面发展,考虑多个维度,内容包括积累与梳理、阅读与表达、学科融合三部分。

学然后知不足。一路走来,李桂荣老师及工作室成员伴我走进了一个思想的殿堂。在这里,关于课堂教学、人格塑造的思考,已随着李老师和各位名师的影响而日益精进,也让我对未来教育有了一种不曾有过的期待。在今后的日子里,我会更加积极投入学习、历练成长,让自己的课堂更加丰盈、高效,让自己真正拔节成长,在不断实践、反思与改进中走向成熟,向着"研究型""专家型"教师努力拼搏!

第五章

积淀笃行的力量

三尺讲台践使命，胸怀大爱写青春

新乡市实验小学　杨玉莹

在 20 多年"传道、授业、解惑"中，我不断探索和追求，悟出"没有爱，就没有教育"，唯有"爱"才是教育的真谛。

回顾自己的成长之路，最初的想法就是觉得小学教师就是一个"孩子王"，把学生调教好了听我的话就行了。事实证明，我的想法过于简单甚至有些天真，教育教学工作一度陷入僵局，几近崩溃。后来我读到了魏书生的《班主任工作漫谈》，这本书就像一缕阳光照亮了我迷茫的心灵。这位大师给我指明了工作的方向，给了我莫大的启发。其后又拜读了李镇西的《爱心与教育》、王晓春的《教育智慧从哪里来》。在不断学习中，我从几位大师身上汲取了丰富的营养，从最初的模仿到慢慢地闯出自己的一片天地。从此心中也有了属于自己的教育梦——成为孩子们最喜欢的老师！怀揣着梦想，与学生一起学习，一起成长，一起进步。其间的快乐使我充满了热情，充满了信心，充满了希望。

元元三年级时，从农村老家转到了我所教的班里，和老师第一次谈话时他双手插兜，脚踩在花坛围栏上，还不停地晃动着，一副玩世不恭的样子。此后的日子，他和同学打架，搞恶作剧，破坏学校公物，表现顽劣。一时间，同学告状，家长反映，对于老师的苦口婆心他也不放在眼里。我专程找到了元元的爸爸，得知元元从小在老家跟着爷爷奶奶长大，父母疏于对孩子管教。父母虽然想办法把孩子转到了身边的学校，但为了家里的小餐馆，每天早出晚归，也没能给孩子创造好的成长环境，但爸爸说孩子本质是不坏的。为了让同学和同学家长接纳元元，我专门召开了一次专题家长会，希望大家能用关心和关爱来改变元元，可同学家长都觉得没希望，还是劝转学为好。"一个都不能放弃"是每一个教育者最重要的信念坚守。一天下午放学后，我批改完作业正准备回家，突然办公室门被撞开，元元边哭边说自己被高年级的同学揍了一顿，不敢回家。经了解，才知道因为他顽劣的个性，惹怒了高年级的同学，高年级同学扬言见他一次就揍他一次。从此，我成了他的"保护神"，每天放学后都会骑着自行车送他回家。一来二去，每天路上短短的五分钟成了我和元元最放松的聊天时间，这五分钟也让元元懂得了很多为人处世的道理。慢慢地，他融入班集体，大家也不再像当初那样讨厌他了，而他对我的信赖甚至超越了他的父母。

现在的元元已是而立之年，亦为人父，他把爸爸留给他的小餐馆经营得红红火火。每年教师节，他都会和爱人一起带着孩子来看望我。虽然没有成为老师最得意的门生，但他却成了让老师感动和骄傲的学生。

"桃李不言，下自成蹊。"教师的事业育人且育心。当我们的教育出现瓶颈时，我们可以换一种姿态，用心、用爱感受每一个跳动的脉搏，不放弃每一棵幼苗，哪怕是残缺的蓓蕾，也要让她绽放最美的花朵。我相信每一个学生都蕴藏着一个拥有无限能量的小宇宙，它需要在一定的环境中被激发出来。所以，我用"爱"关注着每一个学生，发现学生身上的闪光点，及时给予表扬和鼓励，使他们的小宇宙得以激发，并获得自信的力量。

山琳是一个特殊的孩子，入学时他用一双惊恐的眼睛望着周围陌生的环境和陌生的人。当我笑着抚摸着他的头说："欢迎你，孩子！"小山琳急忙躲到瘦弱的爸爸身后，紧紧抓住爸爸的衣襟，像一只受惊了的小鸟。原来小山琳的语言和行为能力都有障碍，话说不清，不会和同学相处，不会照顾自己，到陌生的环境后更感到害怕。每天放学时，我总是帮小山琳背上小书包，牵着他的小手，亲手把他交给他那瘦弱的爸爸。直到有一天，小山琳的爸爸没有来，代替爸爸的是姥爷，他的爸爸因病去世了。

一个秋风萧瑟的日子，小山琳撒尿时弄湿了裤子，当他的姥爷送来衣服时，我傻眼了，一大兜衣服里竟然没有一件合适的，全是妈妈旧的秋衣

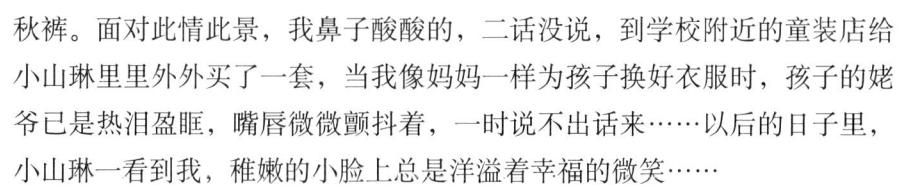

秋裤。面对此情此景，我鼻子酸酸的，二话没说，到学校附近的童装店给小山琳里里外外买了一套，当我像妈妈一样为孩子换好衣服时，孩子的姥爷已是热泪盈眶，嘴唇微微颤抖着，一时说不出话来……以后的日子里，小山琳一看到我，稚嫩的小脸上总是洋溢着幸福的微笑……

小山琳不爱说话，因为他吐字不清，结结巴巴，他的话无人能听懂，老师也是猜测着理解他的意思。后来我发现小山琳会写，笔端流淌出的文字似乎比他的年龄更成熟一些，于是我决定以此为契机"撬开"他的嘴巴。一次作文课上，我把他的作文当成范文读给同学们听，精彩的描写赢得了全班同学的掌声，小山琳的眼睛里闪过从未有过的光芒。机会来了！"山琳，你的文章写得这么好，一定有什么窍门吧？能不能和大家分享一下？"让我意外的是，他没有拒绝，也没有畏缩，而是一路小跑来到讲台上，面对全班同学，他双手掌心向下，往下压了压，示意大家安静。"挺有领导范儿！"同学们对于小山琳的表现给予鼓励。他扫视了一下全班，面带微笑说："也没有什么……窍门，就是在平时要……注意观察，用好眼……要看，耳要……听，鼻……要闻，手要……摸，心要记。"他磕磕巴巴的话音刚落，教室响起一阵热烈的掌声。我又趁机故意向他讨教："'三人行，必有我师焉。'今天你就是我的老师，就是大家的老师，看你总结得多棒！能不能再慢点说一遍，让我们把它记下来？"他兴奋极了，又给大家说了一遍，这一次似乎流畅了许多。

从此，小山琳成了班里的"名人"，大家都叫他"小作家"。他也变了，比以前开朗了，小脸上每天都洋溢着快乐的笑容。我在班里为他专门举办了一次个人习作展，让孩子们读他的文章，主动和他交朋友。现在的他，爱说了，爱笑了。我想：这一切，都是爱的力量，也是教育的智慧！

其实，在我的成长路上一直有一个无形的朋友在帮助我，那就是"人格魅力"。由于坦荡与豁达、真诚与热爱，我在学生和同事中具有了独特的"人格魅力"，而这种魅力为我的发展营造了良好的环境。似乎我无须花费心思去面对环境，一切都是那么自然和谐。而遇到挫折我也能以良好的心态坦然面对，不经历风雨怎么见彩虹？良好的心态，使我始终处于激情似火、宁静如水的状态。我相信只要努力定有收获，花朵必定能够开在枝繁叶茂的枝头。因此我一直在执着地追求，从不懈怠，从不气馁，不断地历练，不断地思考，因而有了比别人更多的收获。

教育事业的改革和发展为我们提供了尽展才华的舞台，在这个舞台上，我努力实现自己的教育梦，努力做一位师德高尚的人民教师，用智慧启迪每一位学生，用爱心伴随学生成长，用真情感化学生的心灵。"路漫漫其修远兮"，我将继续怀着这颗对教育的虔诚之心，上下求索，为了梦想，执着前行。

苔花如米小，也学牡丹开

新乡市外国语小学　崔菁蕾

银装素裹、白雪红梅、缕缕暗香……沏上一杯红茶，在这静静的书房，我的心境洁净而安宁，回味我的教师成长之路，我充满自信与坚强。

一、宝剑锋从磨砺出

怀揣着教育梦想，1996年刚毕业，我就满怀激情走进了新乡市外国语小学（以下简称"新乡外小"）。这是一所有着悠久历史和文化积淀的学校。学校领导拥有教育者博大的胸怀，年轻好强的老师们个个精力充沛、勤学好问、乐于钻研，良好的文化内涵和浓厚的教学氛围滋养着我这棵"幼苗"。

我细心观察教研组长周老师的一天都是怎么度过的：晨读时，与学生一起大声朗读课文；课堂上，设计巧妙，语言风趣，层层深入，快乐教学；课间时，对学生嘘寒问暖，解决学生矛盾，解答学生疑问；活动中，以身作则，激发学生斗志，赛场一较高下……虽然忙碌，却是那么充实。我紧跟周老师步伐，但是仍不尽如人意，课堂一课时的内容我讲了三课时还没结束；学生有矛盾，两天还未解决完，我是一脸愁容。周老师耐心指导我："教是为了不教，帮助学生领悟方法，引导学生在生活中去发现、去实践。"我茅塞顿开，课堂上，我认真分析学情，把握好重点和难点，放手让学生去说；处理学生矛盾时，引导学生站在他人角度思考，共情、理解、宽容、和睦。很快，我的教育教学工作顺利多了。

在班主任工作中，我要求自己不仅要爱"白天鹅"，还要爱"丑小鸭"。岳同学父母忙于生计，无暇照顾孩子，所以放学后孩子就去奶奶家，晚上才回家。岳同学很聪明，热爱劳动，热心帮助同学，就是不爱学习，每天的作业总完不成，写错了就涂黑疙瘩，不是多横就是少竖，考试总是不及格。对他，我苦口婆心地劝过，也曾严厉地批评过，但收效甚微。我只好耐心寻找机会。

那年冬天的一个小课间，我提前在教室外候课。天很冷，走廊上只有我一个人，我心里默默背着课，双脚不停地踱着，眼睛欣赏着校园冬季特有的美。突然，我听见"啪，啪，啪"的声音，扭头一看，是岳同学。他手里拿着一个毽子，见我看他，冲我"嘿嘿"一笑，就踢了起来。虽然互相没有说话，但我心中已开始为他数数，"一"，掉了，"一"，掉了，"一"，又掉了。短短的一分钟，他就掉了八次，但每次他都弯腰捡起来再去踢，如此锲而不舍。

铃声打断了我的沉思，我快步走上讲台，决定将讲课放后，对岳同学的表扬放前。"同学们，你们有没有发现岳某某同学刚才真棒！他踢毽子时，虽然没有一次做到连踢两个，但他非常有毅力，总是捡起来再踢。我相信，他这样坚持下去，一定能踢成全班第一，全校第一，我们一起来为他鼓掌。"岳同学听我这样表扬，脸都红了。课后，我又单独找到了他，跟他说："明年，学校还要举行踢毽子比赛，我想让你代表咱们班参加。""好啊！"看得出他很激动。"但我有两个要求。""您说，您说！"他有些迫不及待。"我让王明铭给你当小老师，你要好好学，勤练习。""保证能做到！"他咧嘴笑了。"第二呢，按时完成作业，保持作业整洁。""这个……"看他犹豫，我故意说："连这点要求都做不到，看来你也踢不了全班第一，我去告诉同学们，不用为你加油了。"我假意转身就走。"老师，老师，"他一把拉住我，"行，我一定认真写作业，您天天检查我好了，做不到，您就别让我参加，踢不好，您也别让我参加。"看他那一脸严肃的样子，我从心底为他高兴。

从第二天的作业来看，岳同学显然用心了，虽然作业写得还有点脏，但不多横少竖了。我怕他不坚持踢毽子，所以隔几天都会检查他踢毽子的情况，并在全班同学面前表扬他，领着全班同学为他加油。渐渐地，他踢得越来越好，并且由于学习认真了，成绩也是直线上升，进步非常明显。

我用真诚换取了学生的信任，用爱心呵护了他们的成长。在此过程中，我深切地感悟到了当教师的光荣和自豪。学生的健康成长是我人生最大的快乐。

二、梅花香自苦寒来

2015年9月，根据学校工作安排，我跟随校领导到另一校区工作。如果说第一阶段是我个人教育理念的形成时期，那么第二阶段是我将对学校教育理念的理解用到了教学时期。

课程、课堂、课修是新乡外小开达校区"三课一体"的特色发展模式：首先上好国家、地方、校本课程，然后落实体育特色课程，再做好"阅读、月评、悦动"课程建设；把学校高效快乐课堂理念落实到每位老师、每节课，充分发挥教研组的作用，时时处处均可研讨；每位教师制订自己的发展计划，脚踏实地，练字、进行阅读分享、写教育思考等，做到每日都要有所得。

为了做好"阅读、月评、悦动"课程建设，我经常和任副校长讨论：根据学校实际该怎么做，还能有什么创新？在实际工作中，逐步形成阅读课程，晨读＋阅读课＋师生共读＋分享悦读＋班级图书角建设；月评课程，语文、数学、英语三门学科每个学科设置1—2次主题测评活动，寓评价于教育，记录学生成长每一步；悦动课程，每月一次，走进公园、漫步溪边、融入自然。在做好阅读课程的同时，我发现上午做完操后，学生回教室还有15分钟休息时间，我就和学生讨论：咱们能利用这个时间做点什么呢？有的说出去玩，有的说上厕所，还有的说下跳棋，李子彤轻轻地说："我想看课外书。"我向学生竖起了大拇指说："你们很有自己的想法，在不打扰别人的情况下，做好自己的事情吧。"学生各自行动，我就拿本书，坐在讲台旁和李子彤一起看书，慢慢地，三人加入，十人加入，第二天，第三天，所有学生都静静地坐在了教室，畅游在书海中。

除了做好课程建设，我还鼓励老师多让学生走进大自然，感受大自然的美。在九月"寻找秋的印记"悦动活动中，有的班找秋天美景，有的班看秋天的庄稼，有的班进秋天的果园，我们班却"吃"秋，做秋天特有的美食，让学生拥抱秋天，感受秋之美，体验秋之乐。

活动一：准备材料、制作拼盘。趁着中秋假期，请家长带着孩子走出家门，去寻找秋天的食材，莲藕、柿子、板栗、苹果、石榴、柚子、葡萄、花生等，城市的孩子还是偏重于水果。材料备齐，发挥想象，进行搭配，做出了各种拼盘。

活动二：我是小小美食家。通过查找书籍、问老师、问家长，了解所做的美食对人体有哪些好处，然后从颜色、形状、口感等方面介绍自己的秋食。先在小组中说一说，然后小组选出代表在全班交流，评选最佳美食家，大家享用美食。

活动三：初试身手，巩固成果。找一找，做一做，查一查，画一画，写一写，尝一尝，办手抄报，书写美食及感受。一张张学生的活动成果图贴了一个版面。

对于连着一个星期的活动，家长的反馈良好。学生回到家滔滔不绝和家长讲述看到的、品尝到的、想到的，还把自己的食物请别的同学品尝。分享，是学生在活动中的又一收获。在学校课程、课堂、课修特色发展中，我努力实践着，眼中看到学生，心中装着学生，时时处处助力学生生命成长。

三、直挂云帆济沧海

2019年，我回到新乡外小本部，潜心进行课题研究。我主持研究的市级课题"小学高年级以课外阅读提升语文核心素养的研究"，主张在阅读的基础上深度思考，在思考的基础上个性化表达，指向核心素养的完整学习。

1. 以追问激趣

兴趣是打开阅读之门的钥匙。教师应该避开学生熟悉的、简单的阅读内容，在趣味上下足功夫。通过找准学生未知又迫切想知的领域，拉近学生和整本书之间的距离，可以讲一个故事，设计一串问题，制造一个悬念等，启迪学生的思考，激发学生的阅读期待。如阅读《西游记》：①孙悟空的如意金箍棒重多少斤？②哪里妖怪最多？③花果山上有多少只猴子？

④孙悟空的兵器可以任意变换大小形状，唐僧的徒弟中还有谁的兵器也能这样变化呢？通过学生感兴趣的内容进行引导能起到事半功倍之效。

2. 重方法指导

指导学生整本书阅读时，需要根据情况不断改进方案，可以加入其他艺术表现形式，如影视片段、话剧片段、评书片段等一起赏析；可以要求学生联系生活，解决问题；可以引导学生进行知识竞赛等。如阅读《水浒传》后，给学生提出以下问题：①谈谈自己最喜欢的读书方法。②你最喜欢书中哪个故事？为什么？③根据绰号猜人物。④阅读中遇到哪些困难？⑤聚焦"武十回"，选择最感兴趣的一个故事，快速默读，你读出一个怎样的武松？⑥再读回目，梳理结构，就可以对全书了然于胸。

3. 引思维深入

阅读是一个语言输入的过程，可通过设计阅读单逐步引导学生深入思考或评鉴。让学生摘录文中的好词佳句，进行语言的积累，交流词句，从而使思维处于活跃状态。学生阅读的速度很快，但往往只关心自己感兴趣的内容，对于书中其余内容，可能只是大概了解，可以让学生对内容进行梳理。比如，阅读《哈利波特与密室》时，思考霍格沃茨的学生持续不断地变成石块，哈利是如何一步一步解开密室的秘密的。一次愉快的阅读后，总会有写一写的冲动，比如，鼓励学生看完沈石溪系列动物小说后尝试自己写小说，从熟悉的小动物入手，展开想象。

4. 展学生风采

有效的阅读，是边读边联系自己的生活实践。开学伊始，召开班级会议，制订本学期课外阅读计划和展示活动，可以开展唱主题曲、课本剧表演、辩论会等活动，充分展示学生的阅读成果，让学生从读书中体验到成功的欢乐。课外阅读，重要的不是"教"，而是"读"，师生、生生、亲子可以共读一本书，也可以根据自己兴趣、爱好选择各读一本书，随时随地交流读书的方法、乐趣和收获。

成长之路就在脚下，只要善于学习、勇于实践、深入反思、不断研究，就一定会有所成就。我即将加入李桂荣老师的名师工作室进行学习，我欣喜若狂，虽然我能力有限，但努力无限，"苔花如米小，也学牡丹开"，我会一路向前！

做新时代杏坛中的一株劲木

新乡县小冀镇京华社区小学　梁千昭

我参加工作至今已有二十多年,做学生管理,以爱为基,立德树人,严慈相济;做语文教师,严谨治学,钻研业务,孜孜不倦。潜下心来做教育,永远追求更好,我一路走来领悟着教育生命的真谛。

一、在青涩中构筑最初的梦

我1999年6月毕业于新乡师范学校,同年9月参加教育工作,被分配到家乡一所偏僻的农村小学。学校所在村庄小、人口少,学校一至五年级一共有30多名学生,教学实行包班制。老校长安排我教四年级,一个班有7名学生,第二年由于有老师病休,所以又安排我教一年级,一年级有3名学生。虽然学生少,但我对教育的热情丝毫不减,暗暗定下一个目标:努力做一名优秀教师,让学生在小学时光得到快乐成长。

学生少,就意味着闲暇时间多。这段时间里,自己记忆深刻的就是读书、写作。自己的专业成长就是从这个时期的专心读书、用心写作迈出了步子。

当时,我能接触到的教育刊物就是学校订的《河南教育》,每到一期,我便看一期,有的文章甚至要看好多遍。在《河南教育》的启发引导下,我也尝试着写教学论文。为了写好论文,我就把之前读过的《教育学》《心理学》两本书翻出来,"引经据典"写理论语句,然后配上自己教学实践中的事例。耗费了一两周的工夫，一篇论文终于写了出来。这一发不可收，教学、看书、写文章，两年下来写了七篇论文，有语文教学的，有数学教学的，有学生德育的。读书，开阔了我的教育视野，积累了教育理论知识，实现了与专家名师跨越时空对话；写作，深化了我对教学的思考，凝练了教育实践所得，提升了学术水平。

毛泽东同志曾说"人是要有一点精神的"。我认为，教师的精神，就是要有梦想、有拼劲、勤学习、不停步。

二、追梦路上遇见美丽风景

2001年农村学校开始调整布局、撤点并校。我被调到了镇区内条件较好的一所学校。镇区内的这所小学规模较大，一个班60人左右，我从四年级语文教起。在这里，我有了"凭鱼跃""任鸟飞"的感觉，一心教好学，立志做名师，因此积极学习，钻研业务。一年后，我被选为语文教研组组长，两年后任教导处副主任，四年后任总务主任，2010年任副校长。这些年，专业上我得到了快速成长，从多读书、乐教研中获得了巨大的益处。

这期间，我接触到的教育报刊就多了，《中国教育报》《教育时报》《河南教育》《小学教学》等。学校还为老师们发了苏霍姆林斯基的《给教师的一百条建议》、教师读本《转变教育思想　更新教育理念》、各学科课程标准。我自己还订了《小学青年教师》和《小学语文教师》杂志。购买和阅读了一些教育书籍，于永正的《教海漫记》、李镇西的《做最好的老师》、魏书生的《班主任工作漫谈》、赵国忠的《中国著名教师的课堂细节》、万玮的《班主任兵法》、周成平的《魅力教师的修炼》、王金战的《学习哪有那么难》等。通过如饥似渴的读书学习，自己的知识储备、理论积淀、教法学法变得丰厚起来，教育思想、课程理念、教学业绩走在了学校同行的前面。多读书，帮助我踏上了新的台阶。

"教而不研则浅，研而不教则空。"这期间，我迷恋上了教研。在教研中和同事们相互学习、相互借鉴，教育教学能力得到了巨大提升。我从2005年开始组织开展课题研究，基本上每年开展一项课题，带动了学校老师参加课题研究实践的热情。大家一起在课题研究中经历了"山重水复"

和"柳暗花明"，收获了效益，提升了素养。我被学校选派参加县优质课评比获一等奖，被选拔参加市优质课评比获一等奖，到后来辅导老师们参加县、市优质课评比获奖。陶行知说："行是知之始，知是行之成。"我在教中学、教中研，"走上从事研究这条幸福的道路上来"（苏霍姆林斯基语），享受着只要有行动就会有收获所带来的快乐。乐教研，帮助我打开了专业发展的新天地。

从最初的"努力做优秀教师"到"立志做名师"，让学生生动而有志趣地成长，在追梦的路上，我一路向前，遇见一路美景。

三、有梦想就有远方

2012年，我被调到现在的新乡县京华社区小学担任校长。京华社区小学学生有1000多名，教师有50多人，历史原因造成学校前进发展的担子很重。于是，我一边从事学校管理，进行大力改革；一边锲而不舍做语文教研，并且从学校管理中受到启发，那就是教研也要开拓创新。

这时候，我因时因势调整了阶段性的奋斗目标：一是学校要培养出更多的名师，二是自己拼力做更高一级的名师，三是办名校做名校长。这个难度不小，在"三名"工程实施上，我恭敬谨慎，尽心竭力，既做老黄牛，又做孺子牛，更敢做拓荒牛。数年下来，目标正在逐步实现：我带领的学校成为全县一流名校、窗口学校；我被评为县名校长、省教育厅优秀教育管理人才，在教学上被评为省名师、市学术技术带头人；学校教师精气神凝聚了起来，教师的专业成果在全县排在前列，我们这所农村学校也成功培养出了多名省骨干教师和市骨干教师，我校教师参加全县课改擂台赛数次夺得擂主。

在教研中，通过带头讲示范课、做报告和经验交流，我对教师的专业成长路径有了新的体悟。那就是，教师还需要多讲公开课、多参与研讨课，也就是身体力行做课例研究。这样，教师的教学理念会得到检验，对教学的思考会更加深邃，对课程的理解会更加精准，教学灵感会更加易现，从而锤炼课堂艺术，增加教学智慧。多讲公开课，并进行自我课例研究，从而让自己更加自信，教学更具魅力。

这几年，我外出参加培训学习，见识了很多优秀而先进的学校，聆听了很多名师、专家的讲座，感到自己的理论素养、实践水平的不足，自己的理论素养与实践水平与名师、专家相比，犹如水滴与江海、萤火与皓月。我时常生出"知识荒""教学本领荒"的感觉，尽管自己努力走进语文教学，却有疏远的感觉，感到惶恐不安。

幸得中原名师李桂荣老师的指导和引领，我要抖擞精神，重整行装，迎难而上，追梦远行，笃行不息，努力成为新时代杏坛中的一株劲木！

守望教育初心，做智慧教师

鹤壁市松江小学　罗宏钟

自踏上工作岗位的那天起，我便以满腔的热情投入到工作当中，心中始终牢记一个信念：一切为了学生，为了一切学生，为了学生一切。用我的真心去关爱学生，用我的真爱去温暖学生，用我的真诚去感动学生。不忘肩上的重任，不断地努力提高自己的业务水平。

教育家陶行知先生曾这样说过："真教育是心心相印的活动。唯独从心里发出来的，才能打到心的深处。"为了使我的教学水平得到更快提高，我时刻不忘严格要求自己，并从以下几点不断努力完善自己。

一、不忘初心，提高自身政治素质

无论是上学时，还是工作后，我始终坚定教育信念不动摇。在教学工作中，我刻苦学习专业知识，积极参加教学实践活动，不断进取，深入教学研究，并不断提升自己的业务水平。我认真研读了当代教育家魏书生的《班主任工作漫谈》《教育工作漫谈》等书籍，受益匪浅。

十多年来，我一如既往，始终以一个"师者，人之模范也"的形象对照检查自己，这节课学生满意吗？这种管理办法适合这所学校吗？时时刻刻扪心自问，时时刻刻做学生的模范，做老师的榜样。我的初心就是党旗下的铮铮誓言，我的使命就是讲台上的教书育人。

牢记使命，立足岗位练内功。只有这样，才不辜负组织的期望，人民的重托；只有这样，才不失一名教育工作者的本色；只有这样，才能更好地完成教书育人的神圣使命。

二、牢记使命，不断提升业务素质

在当今知识更新迅速的年代，要想给学生一杯水，教师要有源头活水来。从事语文教学和班主任工作以来，我潜心钻研教育理论，苦练基本功；为更好地适应工作，订阅了大量的相关书籍资料；从网上认真学习，吸纳别人的有效经验；积极参加省、市教育部门的各种培训活动。今天的学习就是为了明天更好地工作。活到老，学到老，才会永远站在教育领域的前端。

教学是一门技术，更是一门艺术。要想让学生学到更多知识，教师首先要提高自己的教学本领；要想提高学生素质，教师先要提高自己的业务素质。在教育工作中，我努力做到为人师表，率先垂范。在学习与积累的同时，主动向老教师虚心请教，主动向同行学习，深入探讨交流，不断积累专业知识，尽全力将每一节课上到最好。课前，我精心备课、备教材、备学生；课堂上，我充分调动学生的主动性，将自己的知识最大限度融入课堂，使学生在掌握知识的同时知识面得到拓展；课后，我尽可能地多和学生交流，了解他们的学习情况，为他们创设一个富有生活气息的学习情境，同时注重学生的探究发现，引导他们学会交流，提高学习能力。在学生中开展探究式学习，使学生的知识来源不只是老师，更多的是来自对书本的理解和与同伴的交流。

课堂教学是教育教学工作的中心环节，因此，我努力提高每节课的教学效率，力求向40分钟课堂教学要质量，把在课堂教学中培养学生的创新精神和实践能力作为主攻目标，以激发学生学习兴趣为主攻方向，充分利用课堂这个主阵地，探索教学实践中的得失，提升学生的核心素养，体现了以学生发展为本的教学理念。

三、砥砺前行，提高教科研素质

苏霍姆林斯基说过，如果你想使教育工作给教师带来欢乐，使每天的上课不致变成单调乏味的苦差，那就请你把每个教师引上进行研究的幸福之路。教育科研有助于教师克服职业倦怠、突破教学瓶颈、获得职业成就、增强职业幸福感，因而，教师应树立问题意识，以教学实践为切入点，提炼科研课题，创新教学方法，深化教学改革，促使教学经验转化为理论成果，进而提高自身专业研究能力。

一线教师在教育教学上如能积极参与教科研的实践，自觉学习教育理论，更新教育观念，以科研带教研，以教研促教改，对提高教师自身素质大有裨益。因此，我在努力加强教学实践的同时，积极参加学校的教学研讨及课题研究工作。在教科研工作中，我坚持以下几个原则。第一是普遍性原则。选题应该是教师在教育教学活动中遇到的具有普遍意义的问题，比如学生厌学、逆反、心理健康等问题，这是每个教师教育教学过程经常遇到的、普遍存在的问题。第二是求真原则。研究的选题要来源于真实的教育教学情境，而不是假想的问题，也就是说研究的是真问题而不是假问题。第三是创新性原则。教育科研选题的创新性，主要体现为用新的思维、新的方法来解决日常教育教学活动中的老问题，关键是研究的方式要有新意、有独到之处。第四是适度性原则。教师要选择适合自己教学需要、专业特长的课题，而非越难越好。本人先后主持、参与了多项省市级科研课题的研究，并取得了有一定价值的成果。

从"教"到"研"是一种质的提升，是教师真正走向教育、走进教育、融入教育的关键，同时也是提升自身教育教学层次的关键。教研能使教师在保持教育教学专业性的同时，延长教育教学专业生命。

一分耕耘，一分收获。在教育之路上，我将一如既往地坚守教育初心，不断进取，做一名智慧型教育工作者。

相识相知相守，一路向阳同行

新疆维吾尔自治区哈密市石油第六小学　王艳霞

教育的本质是一棵树摇动另一棵树，一朵云推动另一朵云，一个灵魂唤醒另一个灵魂。

一、相识，源于一次送教

2019年秋季开始，全国小学全部使用统编教材。为准确把握统编教材的教学理念、编排特点和教学策略，全面提升教书育人的能力和水平，一次送教恰逢其时。2019年5月，新疆维吾尔自治区哈密市教育局精心组织教师参加河南名师送教哈密活动。本次活动我校共有24名语文教师参加培训，现场4名，录播教室内有20名。李桂荣、徐艳霞两位中原名师为我们做了讲座和授课，教师们对统编教材有了新的认识，更加深入了解了编者的意图，了解了统编教材编排的特点，从而更好地发挥教材育人功能，落实立德树人任务。

送教活动内容丰富，形式多样，得到参训教师一致好评。送教活动采取"名师培训＋名师现场课＋现场教师自由评课"的形式，这种集理念和实践于一体的培训互动性极强，深受一线教师欢迎，极大地调动了教师的积极性。现场课提供了讨论话题，教师纷纷畅所欲言，碰撞出智慧的火花。本次培训活动是一把火，点燃了教师对统编教材的兴趣；是一个窗口，让教师看到单元语文元素的处理方式，了解了统编教材的新理念。培训结束后，一个个问题不可避免地摆在语文教师面前：如何理解新教材，弄清编者意图，用好新教材。我开始反思自己的教学：我对统编教材的意图把握是否准确？单元语文要素的落实是否做到上下勾连，"左顾右盼"？如何在每一篇单元课文中落实单元语文要素？……种种问题萦绕心间。

二、相知，源于一个课题

李桂荣校长的讲座《用好统编教材，让学生爱上阅读》让我受益匪浅。我对统编教材的解读有了新方法，对单元语文要素横向"左顾右盼"和纵向上下勾连的建议非常感兴趣。培训时，一个想法悄然萌生：语文教师可以系统研读统编教材，梳理单元语文要素在不同年级的表述，理清它们的横向联系和纵向联系。这样教师就能从整体上系统把握教材，对语文要素的序列、梯度做到胸有成竹，从而更好地使用新教材。

这个想法让我心潮澎湃，无法安眠，遂与李桂荣校长电话沟通，得到了李校长的肯定和鼓励。于是在阅读大量文献资料后，我信心满满地申报了新疆维吾尔自治区课题以校为本的小课题。李校长提供了课题研究相关基础资料，并认真阅读开题报告进行细心指导。不久，以校为本的小课题"统编教材第5册基于语文要素的阅读策略研究"顺利立项。课题组基于这项研究课题，深入研究统编教材，系统梳理单元语文要素，把握语文要素的横向和纵向联系，对单元训练重点做到心中有数，深化了语文教师对新教材的理解，在课堂教学中边研究边实践，切实解决了当时语文教师运用统编教材的困惑，真正做到了为课堂提质增效。2021年该课题已顺利结题。

随着课题研究的深入，我和李桂荣老师经常互相分享优质的培训资源、交流工作中的心得，联系越来越多。

三、相守，源于一份初心

一次援疆行，终身援疆情。李桂荣校长陆续给我寄来她出版的书籍《让成长花开有声》《从阅读走向悦读——如何提升学生的阅读兴趣与能力》《让学生站在课堂中央》《教师阅读——浸润成长的力量》。我从一本本书中汲取智慧，并在不断实践中产生共鸣。从一场偶然的培训相识，到一个课题的相知，看似偶然，实则必然。豫哈教师千里牵手，那根看不见的"红线"就是共同的教育初心："真爱学生，潜心育人。"在喧哗嘈杂中，摈弃内心的浮躁，共同坚守教育初心。

漫漫教学路，款款育人心。现两个工作室正在筹划"读懂新课标，做实单元整体教学"的线上教研，王艳霞小学语文教学能手培养工作室和李桂荣名师工作室联合教研。从个人的连接，到两个工作室的手拉手，再到两所学校的连接，开启了教研的新篇章。两个工作室的云端碰撞，又会激发出多少教学热情，迸发出多少智慧火花，产生怎样的化学效应。一场精彩的讲座，一堂线上课，一次深度评课……这是教海中的珍珠，这是携手共进的足迹，这是豫哈两地真情的传递，这是一份教育初心的坚守。

教师专业成长的路径有很多。回眸我所走过的路——参加赛课、参与培训、参与阅读、参与课题、撰写论文、成立工作室，每一条路径都不可或缺：赛课深耕课堂，培训唤醒点燃，阅读内省实践，课题深度研究，论文精进思维，工作室名师引领。成长的路径丰富而多样，但是不管哪一条路径，都离不开教师主动成长的意愿，离不开教师内在力量的凝聚。我历经一系列蜕变：从"被"培训到"自"培训，从"任务驱动"到"文化自觉"，从"经验型"到"科研型"。教师要树立终身成长意识，不断实现自我更新，寻找适合自己的行走方式，按照自己的成长节奏，走一步，再走一步，一路向阳而行。

一波三折话阅读
——我的阅读成长史

濮阳市实验小学　宋彦菊

阅读，是一个人成长的必经之路，那阅读路上的一本本书就是一艘艘航船，带领我们驶向无限广阔的海洋。回忆自己的阅读成长经历，可以说是一波三折。

抓了个童年的尾巴

我发现每一个成功的人，大都从小就接触到了大量的图书，他们往往生活在书香之家，耳濡目染，时时熏陶，自然爱上了阅读，而儿时的阅读往往为一个人的成长奠定了最坚实的基础。可回忆自己的童年时期，说到阅读，只能说抓了个童年的尾巴。

我的童年是在一个极其贫穷的小乡村里度过的。那里是黄河故道，土地贫瘠，在那个守着一亩三分地过日子的年代，能填饱肚子就是人们最大的满足；那里是离县城最远的乡村，除极个别人外，大多数人一辈子没有到过县城，大家过着日出而作、日落而息的生活；那里的人多数没有进过学校，家里没有一本图书。我的家就是那里一个极普通的家庭。父亲是家里的老大，只上了半年学就被迫辍学从事生产劳动，母亲没有踏进过校门一步，三个姑姑全是文盲，最小的叔叔也只上了两年学。8岁那年，父亲牵着我的手把我送进了学堂，交了学费，我领到了语文和数学两本书，从此我便和书结了缘。

父亲特别渴望我能靠读书出人头地，因此，常常鼓励我要好好读书。可那时的我除了老师发的两本教材，再也没有见过其他图书，于是那两本书便成了我的宝贝，数学书里的每一道题，我都做过很多遍，语文书里的课文，从头到尾，全部会背。这样的"阅读"生活持续到我上四年级。

四年级那年的一个星期天，几名同学约我去乡政府所在地赶集，父亲给了我两块钱。和同学逛集市时，我们发现了一家书店便走了进去。我一眼就看到了老师常常用的《新华字典》，想起语文老师说过的"字典是一位不说话的老师"，便毫不犹豫买了下来。那天是我记忆中第一次到离家很远的地方去赶集，最大的收获是我拥有了第一本"课外书"，我兴奋不已。从此，那本《新华字典》成了我的宝贝，除了查找不认识的字，我还从第一页把每个字都读了一遍，认识了很多当时不认识的字。

因为我们村没有五年级，于是我到了乡中心校就读。一天下课后，我见一个同学拿了一本很厚的书读得津津有味，好奇心驱使着我上去询问，原来那是一本没有封皮的很旧了的小说《七侠五义》。那个同学告诉我，书里的内容很精彩，是他家里的书。看我那么羡慕，他答应看完后借给我看。一个星期后，我拿到了那本厚厚的书。除了上课，我把剩下的时间都交给了这本《七侠五义》，就是下午放学后去放羊，我也偷偷带着它。夜里，那些行侠仗义的江湖侠客，常常进入我的梦境，特别是南侠展昭，被皇上封为御猫，一生锄恶扶强，维护正义，一下子成了我心目中的偶像。等我两个星期后还书时，发现那个同学又在读另一本厚厚的书——《岳飞传》，于是，我大着胆子又向他借了这本书看。从这本书里，我又认识了一位南宋抗金名将岳飞。后来得知那位男同学的父亲是位知识分子，家里有不少藏书。我发觉自己找到了一个大书库，以后的半年多时间里，我从那个男同学那里借到了不少书，大多是一些小说，比如《杨家将》《太阳照在桑干河上》《暴风骤雨》等。这些书为我的童年生活开启了一扇神秘的天窗，我觉得视野一下子开阔了很多。很庆幸，我抓住了童年的尾巴，走进了书籍的海洋。

懵懵懂懂的初中生活

小学毕业后，我考上了县城里的初中，和那个家有藏书的同学失去了联系，也基本上断绝了课外阅读的路子。

从一个小乡村来到县城，经过很长一段时间我才融入学生中间。那个年代，课外书被称为"闲书"，老师是不推荐学生阅读的，我们能做的事就是反复学习教材，做不少的练习。那时，琼瑶的言情小说在同学们中间特别流行，老师不让看，同学们就偷偷看。我从同学那里借阅过两本，但读后感觉很无聊，便再也不读这类小说。从初二开始，我省吃俭用，订阅了一份《语文报》，整整两年的时间，我的课外阅读基本上就靠这份报纸支撑。现在想来，唉！深深地叹息，懵懵懂懂的初中生活。不过，有一点还是很值得骄傲的，就是自己课余时间背了不少古诗。我记得那时还不舍得买硬皮的笔记本，也不舍得买一本有关古诗词的图书，而是用一个极普通的32开作业本抄写了很多古诗，一有时间就拿出来背诵。现在带领学生进行经典诵读时，遇到不少古诗，倍感亲切，如同和一位老朋友再次相见。

师范，再次踏上阅读之舟

三年的初中生活结束后，我迈进了师范学校的大门。相对于中学生活，师范生活是轻松的，我有了大量的时间做自己喜欢的事。值得庆幸的是，学校有一个图书馆，入学不久，我就办理了借书证，于是，那份对阅读的渴望再次燃烧起来。

记得从学校图书馆借的第一本书是《毛泽东诗词》。借助注解，我一首首读来，慢慢地啃着，慢慢地消化着，一步步领略了这位伟人的风采。"恰同学少年，风华正茂；书生意气，挥斥方遒。指点江山，激扬文字，粪土当年万户侯。"这是何等的气势磅礴。"人生亦老天难老，岁岁重阳。今又重阳，战地黄花分外香。""更喜岷山千里雪，三军过后尽开颜。"这又是怎样的革命乐观主义精神。"钟山风雨起苍黄，百万雄师过大江。虎踞龙盘今胜昔，天翻地覆慨而慷。"我眼前展现出了中国人民解放军渡

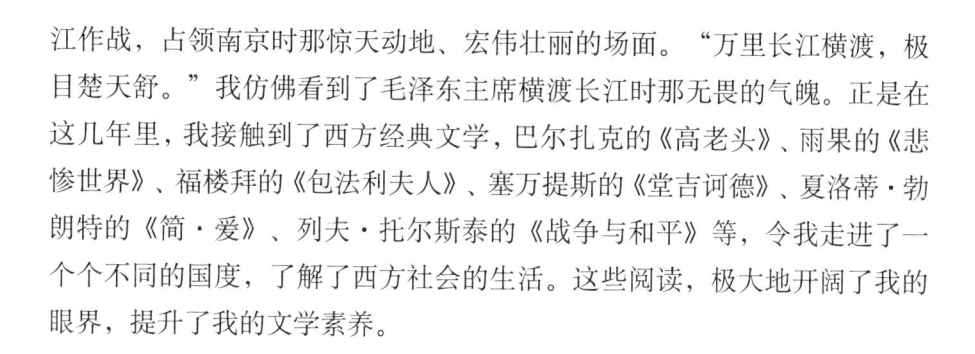

江作战，占领南京时那惊天动地、宏伟壮丽的场面。"万里长江横渡，极目楚天舒。"我仿佛看到了毛泽东主席横渡长江时那无畏的气魄。正是在这几年里，我接触到了西方经典文学，巴尔扎克的《高老头》、雨果的《悲惨世界》、福楼拜的《包法利夫人》、塞万提斯的《堂吉诃德》、夏洛蒂·勃朗特的《简·爱》、列夫·托尔斯泰的《战争与和平》等，令我走进了一个个不同的国度，了解了西方社会的生活。这些阅读，极大地开阔了我的眼界，提升了我的文学素养。

回乡任教，阅读再次搁浅

师范毕业后，我回到家乡成了一名中学教师。为了能快速适应角色，我开始阅读教育教学类期刊，但因为家乡的教育还处于相对落后状态，学校也没有什么书可供老师们阅读，我能读到的书仅限于《河南教育》一种杂志。再加上学校没有阅读风气，乡里也没有一家书店，我的阅读量再次减少。毕业后的第三年，我通过函授大专学习汉语言文学，才算又读了一些书。如今想来，那实在是浪费光阴的五年，也让我深深体会到营造一个良好的阅读氛围是多么重要。

走进市直学校，走进阅读的海洋

五年后，我被调入人才济济的濮阳市实验小学。从农村走进城市，从中学进入小学，我需要再次调整，《教育学》《心理学》放在了案头床边，《小学语文教师》《小学语文教学》《青年教师》等杂志我每期都看。适应了小学教学后，我走进学校图书室，有机会再次捧起了喜欢的书籍。为了自己的发展，教育教学理论摆上了我的书桌，但文学类书籍仍是我的最爱，古今中外人物传记也走进了我的视野。为了引导儿子和学生阅读，童书吸引了我。为了阅读，我和儿子在市图书馆办理了借书证，每个周末我们都会骑上自行车去还书借书；每个月，我们都有新书抱回家，特别是学会了网上购物后，网上购书成了我家书籍的主要来源，前几年参加各种活动还获得了不少奖励图书。我家的书架也由一个到两个再到三个，随着书籍的不断增多，五年前，又直接在书房装了一面墙的开放书架。想想自己近50年的人生，最值得庆幸的事就是我走进了市直学校，拥有了阅读的机会，走进了书籍这个广阔无际、浩瀚无边的海洋。

　　回顾自己的阅读经历，可以用"一波三折"来形容。但不管怎样，现在的我可以每天手捧书籍入眠，闻着书香睁开双眼。每天下班回到家待的时间最长的地方便是书房，备课、阅读、写作，浓浓的书香气息让我很快沉静下来。徜徉于书海，守住心灵的宁静，专心致志阅读，静气凝神思考，和书中的人物对话，静静聆听花开的声音，这已是我的生活常态。

向青草更青处漫溯

——我的阅读教学观

濮阳市实验小学　李玉萍

雨果曾说过，花的事业是尊贵的，果实的事业是甜美的，让我们做叶的事业吧，因为叶的事业是平凡而谦逊的。教师就像那默默奉献的绿叶，时时刻刻衬托着鲜花的娇艳。三尺讲台是教师的位置，我们应该在属于自己的位置上寻找到人生的价值，演奏出人生的华美乐章。

书香浸润童年，阅读丰厚人生。小学阶段学生的学习任务比较轻松，我们完全可以在阅读上下足功夫，把一首首经典隽永的诗词、一本本耐人寻味的书籍，带到学生的面前，让他们从中领略到读书的乐趣，让书籍引领他们健康成长。

一、身体力行、精心挑选读物，调动学生阅读的积极性

每次给学生推荐书，我都做到自己先读，然后再对学生进行有针对性的指导。记得有一年，我从三年级开始接新班，当时我就想，如果能给学生选择一本既能提高写作水平读起来又饶有趣味的书会更好。经过阅读筛选，我最终给学生推荐了《亲爱的汉修先生》这本书。阅读这本书，不仅能让学生收获感动，还能品味出怎样读书、如何写作的好方法。

为了让学生了解这本书，我给学生上了一节导读课，其中包括各大媒体对这本书的评价及所获奖项，还有内容简介、片段精选，让学生整体感受一下这本书，我还声情并茂地读了写给学生的一封信——《孩子，让我

来做你们的汉修先生》，极大地调动了学生阅读这本书的兴趣。

随着学生阅读量的增加及阅读能力的提高，我又带领学生一起品读国学经典《弟子规》。《弟子规》被誉为"人生第一步，天下第一规"，是一本引领学生做人，教育学生成长的最佳读物。《弟子规》全文共有360句，由1080个字组成，可以说是字字珠玑。然而这些文字是生涩、难理解的，学生会感兴趣吗？能接受吗？我曾看过简装的《弟子规》读物，为了对《弟子规》内容有更深入全面的理解，我从网上买了一本复旦大学教授钱文忠撰写的《弟子规》，并用了足足一个月的时间反复阅读。考虑到小孩都喜欢看动画片，我又从网上下载了《弟子规》的动画片。一切准备就绪，我每天利用十分钟的课余时间带领学生开展国学经典《弟子规》的诵读活动。每天让学生背会四句，我先讲句子大意，再穿插相应的小故事，回家后学生给家长讲大意。学生听得津津有味，回家给家长讲起来也头头是道。三个多月的时间，每天我班学生都会齐声诵读《弟子规》的经典名句，大家热情高涨。经过三个多月的学习，学生对言行举止、待人接物等应有的礼仪和规范都有了明确的认识。

二、调动家长力量，开展家庭读书活动

家庭是孩子阅读的第一现场，家长是孩子阅读的第一任老师，亲子阅读时间对孩子来说是美好、温馨的时光。

拿我一次接新班的经历来说，为了引起家长的重视，开学初我就给全班家长写了一封信——《亲子共读，从现在开始》，真诚地邀请家长也能加入到我们这个阅读队伍中来，用自己的实际行动为孩子营造一个良好的读书氛围，从自己做起，成为孩子的读书良伴，潜移默化地去影响带动孩子。指导家长的具体建议如下：第一，家长要了解文章的大概内容，可以在接送孩子的路上、饭桌上、睡觉前和孩子聊一聊对书中某一篇章的看法。第二，家长可以很专注地看一本书，并有意让孩子看到，从而让孩子对家长所看的书产生兴趣。第三，遇到孩子不大感兴趣的书，家长可采用和孩子进行读书比赛的方法，激发孩子的阅读欲望。第四，抓住孩子爱听故事这个特点，家长可挑选书中一个精彩的片段讲给孩子听，利用孩子的

好奇心让孩子自己去读。第五，鼓励孩子把读到的内容讲给家人听，通过交流讨论，说出自己的心得……另外我还利用短信、放学时间跟家长交流，督促检查。在指导、检查双重保证之下，学生逐步走上了有效阅读之路。

三、多种形式促学生醉心阅读

1. 充分发挥班级图书角的作用

每个新学期开学前一周，我都会动员学生把自己喜欢的图书捐出来，建立班级图书角。图书角就设在教室一角，学生可以选择自己喜爱的书，课间课余可随时翻阅或带回家中阅读，十分方便。

接下来就是制定管理细则。第一，培养一个班级图书管理员。这个人选既要有威信，又要有责任心。第二，给图书建立一个花名册，内容包括图书名称、主人、价格、出版社、编号等。第三，建立借阅记录表格，供图书管理员详细记录每本书的借阅人、借阅日期、归还日期、书籍的爱惜程度（有无乱画乱涂现象）。第四，制定借书公约。丢失、损坏的要按价赔偿，贡献图书多的同学借书的次数可适量增加，读完一本书要及时写读书收获……

阅读时间根据自己的阅读速度决定，快的三两天，慢的两周时间，看完后可自由交流，做好记录，写下书的大意及阅读后的收获。最后根据阅读的本数决定谁上教室后墙的读书光荣榜。

2. 假期阅读交流不停歇

为了进一步调动学生阅读的积极性，我充分利用暑假每个星期六上午的时间带学生到离学校较近的公园定期举行读书交流会。为了让学生交流得更精彩一些，每次我都会提前把要交流的内容发给学生，让学生在家做好准备。提前我会发短信告知家长，内容如下：按照假期前的约定，本周六早晨8点钟若孩子有时间，可以让他（她）拿着《小飞侠彼得·潘》这本书去公园大门口集合，我们在一起交流一下这本书的阅读体会。周六前请提醒孩子把前80页看完，并选择自己喜欢的一个章节读熟练，到时轮流让大家读，并说说自己为什么喜欢。一个假期的时间我们把《小飞侠彼得·潘》精读了好几遍。

四、给予学生充分展示的机会

"奇文共欣赏，疑义相与析。"如：学习了《草船借箭》这篇课文后，为了让学生更深入地走进经典，我带领他们每天坚持读一两个三国故事，并及时写读书笔记、阅读感受。一段时间后，在班里开展了三国故事读书交流会。学生每人精心准备了一个自己最喜欢的三国故事，讲得绘声绘色，在讲解交流碰撞中，学生对"三国"的了解进一步加深了。

五、让学生养成"不动笔墨不读书"的好习惯

"好记性不如烂笔头"，应通过课外阅读让学生养成"不动笔墨不读书"的好习惯。每带一届学生，我都会根据不同的年级设计不同的阅读记录本。阅读记录的最重要的一项工作就是让学生在读书过程中将自己觉得特别生动和精彩的词句、文章片段摘录下来。摘录这些词句和片段的过程就是加深阅读印象的过程，通过摘录可加强记忆，有的内容可达到背诵。当然，定期检查学生的阅读记录是必不可少的，这样能随时了解学生所阅读书籍的内容、种类、数量，并指出笔记的优缺点，明确努力方向。

就这样，在一次次的交流中，学生尝到了因为读书而被老师欣赏，因为读书而被同学认可的甜头。阅读兴趣渐渐地调动起来了，体验到了成长拔节的幸福，阅读的兴趣日渐浓厚！

一分付出，一分收获。"全国模范教师""河南省优秀教师""河南省教学名师""濮阳市十大师德标兵""濮阳市女职工标兵""学生最喜爱的老师"……所带班级荣获"河南省文明班级"……一个个荣誉称号纷至沓来时，那份收获使我真正体会到了躬耕教坛带来的幸福和快乐！

诗人徐志摩说"寻梦？撑一支长篙，向青草更青处漫溯"，作为教师，要致力点亮学生的阅读梦。

以奔跑的姿态成长

濮阳市实验小学　司培宁

当生命在某一时刻被一颗叫作"激情"的种子点燃,青春便会展现出应有的模样,我也如能量附体,朝着心中的梦和远方,开始以奔跑的姿态行进在属于我的"新"教育之路上。

一、不忘初心

2010年大学毕业后,我追随着自己的梦想来到濮阳市偏远的黄河滩区,如愿当了一名老师,我满怀热情地去拥抱我的第一份工作。但理想很丰满,现实很骨感。五个年级只有六名教师,整个校园只有一栋灰色的二层小楼,卧室在办公室东北角,是用两个旧书柜隔出来的一方小小的空间,吃饭、住宿、交通、包班教学、照顾留守儿童,处处都是问题,但我没有抱怨。那一年,我和孩子们漫步田间地头,诵读、歌唱、舞蹈、奔跑,探寻大自然的奥秘;那一年,我和孩子们摸爬滚打,期末统考时班里的成绩从全乡倒数第三提升到了正数第二,我还获得全县优质课一等奖、青年教师技能大赛一等奖。此时,县委办公室向我抛来了橄榄枝。

办公室工作繁杂琐碎,每一件事我都尽心竭力,逐渐变得得心应手,很快就被评为全县先进工作者,得到领导的重用和赏识。当赞誉纷至沓来,我却迷茫了,感觉自己偏离了梦的方向。于是,思虑再三,我选择重新回到课堂。

2017年，我所在的市城区开始了十年未有的招教考试，我怦然心动，终于等来了这个重返三尺讲台的机会。两个月后，我以笔试第二、面试第一的成绩考上了全市声望最高的小学——濮阳市实验小学。而立之年，我又成为教育战线上的一位"新兵"。

幸好有梦，我又找到了方向，余生，只想做一名好老师。

二、铆劲扎根

在我们学校没有鹤立鸡群，因为，这里的每个人都是一只鹤，要想出类拔萃，必须长成骆驼。我虽是满腔热忱而来，因为长时间脱离课堂，回到校园，才发现自己就是"菜鸟"一只。为了让自己尽快成长为一头骆驼，我必须加快自己奔跑的步伐。

我经常搬着板凳穿梭于各位老教师的课堂，听他们怎样跟学生交流，怎样进行课堂管理，怎样处理教材，然后将第二天要上课的详案一字一句地写在本子上，每天基本是全校下班最晚的那一个，只为尽快立住课堂的"根"。

濮阳市实验小学底蕴深厚，文化内涵丰富，有着优良的传帮带传统，教研氛围浓厚，团队协作能力很强。在这片"沃土"的滋养下，我很快适应下来，逐渐融入其中，积极尝试着"借智补智，借力使力"。

我利用自己的专长和优势，开设故事时间、阅读展示、课前五分钟演讲、电影欣赏、音乐欣赏等板块，让学生在美的熏陶中认识语文的美丽；我带领学生开展整本书阅读和经典诵读，举办每周故事汇、朗诵比赛、演讲比赛等，徜徉书海，让阅读像呼吸一样自然；每天带头坚持朗读打卡，无论多忙，不分节假日，每天清晨，我会用声音陪伴学生的上学路，我和学生一路同行，感受着文字的美好；我借助自己多次参加全省、全市朗诵和主持的经验，指导我的学生参加河南省《最美读书声》赏读大会、市《校园朗读者》大赛等，均取得优异成绩。

实验小学老校长刘延义有一句名言：向星星瞄准，总比向树梢看齐打得高。在教学的过程中，我时常感觉专业上后劲不足，做一名研究型教师成为我新的目标。在学校领导和中原名师何凤彩、李桂荣的指引下，我开始重新规划我的成长蓝图，用足 8 小时之内和 8 小时之外的时间，开展专业阅读、深度思考和专业写作。

每天阅读一个小时，从苏霍姆林斯基的《给教师的一百条建议》开始读起，教育学理论、班主任管理、传统经典、心理学、哲学、人物传记等经典好书相继被我列入必读书单，陶行知、叶圣陶、王荣生、于永正、王崧舟、于漪、李镇西、李希贵、朱永新、窦桂梅、魏智渊等教育大家的思想精华一次次让我心潮澎湃……阅读让我看到教育的万千可能，找到了奔跑成长的最佳方式。同时，我学着闫学老师做读书笔记，写教育随笔，把所读、所思与教育实践联系起来，通过阅读、思考、写作打通专业成长的"七窍"。几年来，我累计阅读了近 500 本教育著作，留下近 120 万字的成长文字。阅读和写作让我内心更丰盈、更沉静，目标更清晰，脚步更坚定。

我还会和学生一起每天坚持朗读、练字、观摩大家课例，修炼自己的基本功。至目前，我已经录制 2300 多条朗读音频，共读了《论语》《孟子》《毛泽东诗词》等 30 余部经典，在自己公众号推出经典课文"以读代讲"音频 135 期，观摩线上线下名师课堂 300 多节，留下听评课文章 50 多篇，粉笔字和钢笔字也有了很大提升。在漫漫求索的征途上，我和学生彼此温暖，彼此影响，携手共成长。

"衣带渐宽终不悔，为伊消得人憔悴。"回望这一路，写满了爬坡过坎的苦涩和艰辛，我像一个小学生，俯下身子，踏实学习，不断反思总结，只为汲取更多营养，向深处扎根，我懂得，只有根深才能叶茂。

三、向阳生长

一路行走，一路收获。

2018 年 5 月，入职濮阳市实验小学不到一年，我就参加全市小学语文优质课大赛，获得第一名。当年 10 月，我相继参加了全市教学技能大赛、全市小学语文素养大赛，分别获一等奖和特等奖。

2019 年 7 月，我荣获"第十届河南最具成长力教师"称号，站在了专业成长的新起点。做一名专业型、研究型教师成为我新的目标和追求。

课堂永远是主阵地。阅读优质课、作文评讲课、整本书阅读交流课、口语交际课、大单元教学课，我大胆尝试多种课型，多次在省、市、校组织的教研活动中做课例展示。2022年，我参加河南省优质课市级选拔赛，以市级评选第一名的成绩被推荐到省里。近年来，我先后在省级及以上刊物发表语文教学方面的文章2篇，在省级及以上平台做专题讲座2次，参与语文方面的省市级课题8项，参与编写《让学生站在课堂中央》等7本书均已出版。

在班级管理中，我坚持以生为本，以身作则，以生命影响生命，成就师生共同成长。聚焦打造"水文化"班级特色，通过系列多样的"立德、明德、养德、润德"活动，和学生一起共同绘制具有"柔、慧、润、力"的多姿水韵蓝图，让学生在潜移默化中学会包容、坚韧、谦逊、博爱……努力扣好人生第一粒扣子。我也相继荣获"河南省优秀班主任"称号、河南省班主任基本功大赛二等奖、河南省师德朗诵大赛一等奖。2022年，我有幸入选市名班主任工作室主持人，开始不断引领青年班主任投身班主任工作的实践与研究，多篇文章在《班主任之友》《教育时报》等报纸杂志上发表，多次在省、市班主任培训活动中做专题讲座，撰写的德育论文多次获奖。

"志之所趋，无远弗届，穷山距海，不能限也。"不选好走的路，走好选择的路，我静听着生命拔节的声音，一路奔跑，一路修行，一路展望，只为在"新"教育的征途中遇见更好的自己。

归来，拾穗入仓
——整本书阅读的深入思考和探索

宝丰县闹店镇中心小学　余艳萍

采撷归来话收获，学思并济促成长。2023年5月，来自平顶山市的小学语文老师相聚在魅力龙乡濮阳，我有幸参加濮阳市实验小学承办的第19届河南省教育名片"融慧教育·守望童年"研讨会，并跟随中原名师李桂荣工作室进行省级名师培育对象跟岗研修活动。在此次培训会上有幸聆听了许多名师的专题讲座和教学案例指导，其中印象特别深刻的是中原名师李桂荣工作室核心成员李玉萍老师的专题讲座《阅读，让教育更美好》，她以自己带领学生进行《西游记》的整本书阅读为例，向我们展示了一系列整本书阅读的方法，从开始的导读课激发学生兴趣，到推进课共赏情节和文字，录音频，再到交流课的辩论赛，促使学生深度阅读。一套完整的整本书阅读方法呈现在了我们面前，对如何上好阅读课给我们带来了新的启发和思考。

小学阶段，阅读习惯和阅读能力的培养是语文教学的首要任务。要实现课外阅读目标，教师就要注重对学生整本书阅读能力的培养。在实际教学工作中，小学生的阅读理解能力较弱，教师不应只推荐阅读书目任学生自由阅读，而要通过一定的教学策略系统指导学生开展整本书阅读。

一、实施整本书阅读，阅读引导是前提

导读课对于学生有效进行整本书阅读是很有必要的，导读课重在用不

同的教学策略激发学生对整本书阅读的兴趣，让每个学生体验阅读给自己带来的快乐，养成良好的阅读整本书的习惯。上导读课的方式多种多样，可以引导学生观察封面、浏览目录，抓住敏感字眼，观看视频，运用预测策略，以思维导图理清人物关系等导读方法了解整书的要点，在导读过程中培养学生的阅读能力。例如，指导学生阅读《读读童谣和儿歌》这套书时，先出示这套书的封面，引导学生观察，并寻找这四本书有什么不同，重点说明内容的不同，与学生讨论童谣的价值和这本书神奇的地方，引导学生了解各个不同种类的童谣。播放《丢手绢》视频，引导学生了解和游戏相关的儿歌就叫作游戏歌；让学生试读《数青蛙》，儿歌中出现了许多数字，这就是数字谣；出示课文中的儿歌《姓氏歌》，师生通过一对一问的方式朗读，了解问答谣；出示《颠倒歌》，引导学生发现儿歌叙述中有意地前后调换了主语和宾语，了解这种别具一格的儿歌形式颠倒谣；出示经典儿歌《四是四》，通过展示读引导学生发现绕口令的特点，了解绕口令。像这样通过多种方式了解不同种类的童谣，能够激起学生的探索欲。中高年级学生已经逐渐适应自主阅读，掌握了观察封面、浏览目录的阅读方法，会理解和分析书中内容，关注情节的走向，对于《大鳄鱼和泡泡糖》一书的阅读指导，教师就可以通过让学生看插图想象画面、读故事开头预测故事情节及结局，通过梳理故事链，把握故事的主要情节，边读边思考边想象，来感受童话的奇妙。

二、实施整本书阅读，阅读推进是过程

推进课的形式也不拘一格，可以设计有针对性的阅读单，设计推进课的阅读单时要了解学生对整书的阅读兴趣点，掌握学生阅读整书时存在的问题，可以结合阅读单分章节课内探讨，也可以用讲故事、课本剧、微电影等多种形式展示阶段性阅读成果，指导学生深入阅读整书的方法。例如，教学《爱丽丝漫游奇境》时，我让学生利用流程图理清故事脉络和线索，使爱丽丝的人物形象更丰满。用直观的形象、简明的方式描述书的主要内容，既能促进学生的交流，又能让学生在阅读交流的时候逻辑更清楚、表达更精彩。在教学《三国演义》时，我采用制作人物名片或人物身份证的

形式，带领学生梳理人物关系、理清故事框架，从而让学生深入了解每一个人物形象。

三、实施整本书阅读，阅读分享是升华

如何有效阅读，是学生"用大脑阅读，不是用眼睛"，要结合自己的生活经验"构建自己的意义"。每一个学生的想法不同，这就是分享的重要性。教师要通过分享课对整本书阅读进行总结，分享的内容有许多，比如通过讨论一些问题来总结人物形象，品析人物性格。例如，在《童年》这本书的分享课上，围绕"阿廖沙在成长过程中其形象是怎样变化的？"进行讨论，归纳主人公的人物形象，完成主人公档案。通过与他人分享及讨论，可以帮助学生更深入理解书的内容。交流可以开阔学生的思维，提升学生的表达能力，激发学生对阅读的兴趣。

读完、读好整本书，是整本书阅读的核心任务，做好整本书教学是一线教师践行义务教育语文课程理念的使命和担当。正如李祖文老师所说，整本书阅读可以让读者看见另一个自己，可以带给读者无法亲历的另一种人生体验。而作为老师，我们的职责就是培养学生的阅读习惯和提升学生的阅读能力，带领学生去打开另一扇通向美景的大门。

后记

我们，在一起

有人说，和优秀的人在一起，会变得更优秀。

中原名师出版工程使我有机会接触到写书和出书。很幸运在河南、浙江两地专家的引领指导下，2018年，教育专著《从阅读走向悦读——如何提升学生的阅读兴趣与能力》（中原名师出版工程·教育思想与实践系列）由大象出版社出版，这是我出版的第一本书。次年，这本书被评为中国教育新闻网2019年度"影响教师的100本图书"。随后，又被评为河南省第五届自然科学学术著作奖一等奖。目前，该书已经印刷6次。

记得我的写作导师闫学老师曾经说过，出版了第一本书之后就会出版第二本，甚至第三本。当时认为是闫老师在激励我们，心想哪能那么容易呀，能够出版这一本书就已经很难得了。没想到，正如闫老师所说，出版了第一本书之后，就产生了出版第二本的想法。

教育专著出版之后，我就琢磨让工作室小伙伴在著作上也能参与创作，思考为更多的教师搭建更加宽阔的成长平台。2019年，我作为主持人承担了河南省基础教育教学课题研究项目，于是带领工作室老师们一起物化课题研究成果，2021年，我作为主编出版了第二本书《让学生站在课堂中央》（中原名师出版工程·教育思想与实践系列），这本书也由大象出版社出版。在物化课题研究成果时，我带领老师们一门心思地去努力做好。书一出版，老师们才真正感受到这本书的分量之重，也真切地体会到成就感和幸福感，更加激发了大家创作的内驱力。这本书被评为中国教育新闻网 2022 年度"影响教师的 100 本书"，并获河南省 2022 年度教育科学研究优秀成果一等奖，获濮阳市优秀学术成果一等奖，同时被河南省《教育时报》隆重推出"2022，老师们一起追的书"。

"李桂荣名师工作室"于 2013 年由濮阳市教育局批准成立。2018 年，河南省教育厅授牌"中原名师李桂荣小学语文工作室"，工作室公众号也随之运行起来。2019 年，根据河南省教育厅安排，"中原名师工作室"每年要承担培育河南省名师、骨干教师的任务。五年来，工作室已培育了三批优秀教师，这 36 名教师分别来自郑州、信阳、驻马店、安阳、新乡、南阳、焦作、开封、鹤壁等十几个地市。凡是经过我们工作室培育的老师，皆被吸纳为工作室成员。目前，工作室已有 55 位教师，这是一个有情怀、有担当、有作为的团队，我们立足课堂，读书学习，研究课题，送课下乡，交流分享，开展了很多活动，做了很多工作。

2020 年突如其来的新冠肺炎疫情，使线下交流活动按下了暂停键，我们工作室就采取"网络教研"主题活动学习交流模式，内容丰富，延续至 2022 年已有 50 余期。于是我就思考要带领工作室的老师们，针对这些有意义的事情，从中提炼专题，凝练成果，并确定了书名《让成长花开有声》。这本源于网络教研活动的书，其意义是重大的：其一，这是工作室的又一本有分量的新书；其二，编写人员由工作室成员教师和省内名师、骨干教师组成，他们都是教师中的精英、骨干；其三，这是中原名师出版工程系列中的又一本教育教学著作。有了一个好的想法，就要积极去实现。我鼓励老师们凝心聚力创作，这本书才得以出版。

"不积跬步，无以至千里；不积小流，无以成江海。"成长是一点一滴积累的。和优秀的人在一起做有意义的事情，是一种修来的缘分，更是一种快乐和幸福。助力教师专业成长，是责任，更是担当。我总在想，如何才能给予教师更多的成长能量，增强教师的专业自信。

作为工作室主持人，我带领工作室老师们每年按照计划进行主题式阅读，有针对性地研读教育教学理论书籍，从中汲取教育思想的营养；组织教师开展了一期期的阅读分享会，帮助教师梳理思想，不断地返回、认同、完善并升华自身，坚持读起来，写起来，交流起来。基于此《教师阅读——浸润成长的力量》自然而然应运而生，这本书由中国文联出版社出版，这是第四本书，凝结了工作室全体教师的智慧和心血。

行稳致远。《智慧教师的名师印记》是我们工作室的第五本书。我带领工作室成员教师和河南省名师、骨干教师，结合多年来从教学到教研积累的经验，把在教育行走中研修学习的精髓、感悟与思考进行总结凝练。同时，针对在教育教学中遇到的一些问题进行智慧处理，磨砺智慧成长，钻研教育理论，打造精品课堂，提高写作水平，提升教科研能力……诠释了教师的教育智慧与教学能力，期待和广大一线教师一起更专业、更智慧地成长。

"一个人可以走得很快，而一群人可以走得很远。"在中原名师李桂荣工作室这个团队中，老师们互相欣赏，互相帮助，互相鼓励，大家珍惜一次次学习机会，充分汲取着营养，使自己不断地丰盈，一路向善向上，向阳向美，向着光亮那方奋勇前行。老师们蜕变着，采撷着一路芬芳，收获着看得见的成长。真的有这种感觉，静静地屏住呼吸，我能倾听到每一个小伙伴向上拔节的声音。

念念不忘，必有回响。感谢，成长的路上有你。致敬，激情燃烧的岁月。

"没有比脚更长的路，没有比人更高的山。"作为深耕教育的实践者，我们既要脚踏实地，又要仰望星空。爱自己，爱学生，爱这个我们为之付出的伟大的教育事业。教育之路是漫长而幸福的。在未来的成长道路上，我们将坚守教育初心，担当教育使命，做卓越教师，向星星瞄准，踔厉奋发，持续向前，不止步！

由于编者水平所限，书中难免有不当之处，恳请读者不吝赐教并提出宝贵意见，相信读者的反馈会为未来本书再次修订提供良好的帮助。

李桂荣